KB065535

이것만은 알아두어야 할

한일 100년사

Nippon to Chosen no Hakunenshi by Wada Haruki

Copyright © 2010 by Heibonsha
All right reserved Korean translation copyright © 2011 by Cloud & Wind Publishing

이 책의 한국어판 저작권은 Corea 에이전시를 통한 Heibonsha와의 독점 계약으로
북&월드(자회사 바람과구름)에 있습니다.
신저작권법에 의해 한국 내에서 보호를 받는 저작물이므로
무단 전재와 복제를 금합니다.

이 도서의 국립중앙도서관 출판예정도서목록(CIP)은 서지정보유통지원시스템 홈페이
지(http://seoji.nl.go.kr)와 국가자료공동목록시스템(http://www.nl.go.kr/kolisnet)에
서 이용하실 수 있습니다.(CIP제어번호 : CIP2015024561)

韓日

이것만은 알아두어야 할

한일 100년사

韓日

와다 하루키 지음
송주명 옮김

북&월드

차례

제6장 북한의 지도자 김정일과 일본

머리말

한국병합[1] 100년을 되돌아보며

이 책은 2010년 2월 18일부터 3월 2일에 걸쳐 일조日朝 국교 촉진 국민 협회가 주최한 연속 강좌 〈한반도와 일본 — 이것만은 알아두어야 한다〉에서 내가 했던 6차례의 강의를 모은 것이다.

러시아 역사를 전공했던 내가 한국이란 나라를 연구하게 된 건 1970년대 중반에 한국의 민주화 운동과 연대하는 시민 운동가로서 활동하면서부터이다. 연구를 해보니 전문가들의 연구만으로는 제대로 이해할 수 없는 게 적지 않았다. 그로 인해 나는 한국어를 독학하여 읽고 싶은 논문을 번역하고 책으로 엮어낼 정도가 되었다. 북한(조선민주주의인민공화국)을 연구하게 된 건 1980년대 초반부터다. 북한은 소련의 점령 아래서 나라를 만들었기 때문에 러시아사 전공자가 북한을 연구한다면 다른 사람에게는 잘 보이지 않는 것도 볼 수 있지 않을까 생각하였다. 그런 마음으로 연구를 시작하여 마침

---

[1] 이는 우리 입장에서 병탄併呑이라는 말이 더욱 적합하다. 제대로 된 국제법적 과정을 통해서 이루어진 병합이 아니라, 조선의 의사와는 무관하게 강제적으로 이루어진 과정이기에 더욱 그러하다.(이하 모두 옮긴이 주)

내 북한은 나의 제2의 전문적인 연구 주제가 되었다. 한국이나, 북한에 관해서 책과 논문을 몇 편 썼다. 대략 35년 가량 노력한 결과, 알게 된 걸 이제 여기에 모은 것이다.

이 책의 주제는 한반도와 일본의 100년의 역사다. 어째서 100년인가? 100년 전인 1910년에 일본이 대한제국大韓帝國을 병합하여 식민지로 만든 커다란 사건이 일어났고, 그로 인해 두 나라의 관계가 엄청나게 변했기 때문이다. 식민지 지배는 35년만에 끝났지만 그후 한국과 북한이라는 두 개의 나라로 분단되었고, 일본과의 사이에서도 다양하고 심각한 역사가 있었다. 그 100년의 역사에 대해 알아두고 싶은 것, 알아두어야 할 것을 간추려 해설하고 있다.

일본에게 한국과 북한은 오랜 역사의 교류가 있었고 서로 깊게 영향을 미쳐온 귀중한 이웃나라다. 이 나라 사람들과 진정으로 마음을 열고 손을 잡고서 함께 미래를 향해 나아가지 않으면 동북아시아에서 일본은 살아갈 수 없다고 생각한다.

그렇기 때문에 100년 전의 한국병합으로 시작한 두 나라의 불행하고 심각한 역사를 우리들은 정확히 보고서 이웃나라 사람들의 감정과 생각을 이해하고 공감해야만 할 것이다.

그럼 본론에 들어가기 전에 100년 전에 일어난 커다란 사건이 무엇이었는지를 회고해보자.

1910년 8월 22일 오후, 서울 남산에 있던 통감統監 관저에서 한국 통감 테라우치 마사다케寺內正毅[2]는 대한제국 총리대신 이완용과 마주앉아 있었다. 오후 4시, 두 사람은 병합에 관한 조약에 서명한다. 전부 8개 조로 이루어진 조약문은 테라우치가 준비하고서 이완용에게 동의하도록 강요한 것이었다.

　　　제1조 한국 황제 폐하는 한국 전체에 관한 일체의 통치권을 완전하고 영구하게 일본국 황제 폐하에게 양여한다.
　　　제2조 일본국 황제 폐하는 앞의 조항과 관련된 양여를 수락한다.

또한 전적으로 한국을 일본제국에 병합하는 것을 수락한다.

조약의 최후의 조항에 "본 조약은 일본국 황제 폐하 및 한국 황제 폐하의 재가를 거쳐서 공포한 날로부터 이를 시행한다"라고 되어 있다. 공포하는 날은 8월 29일로 지정하였다.

1주일 뒤에 토쿄에서 일본 천황의 조서가 발표되었다.

　　　짐은 한국 황제 폐하와 더불어 이 사태를 지켜보면서 한국을 일본제국에 병합하고, 이로써 시세時勢의 요구를 따르지 않을 수 없다고 생각하여 영구히 한국을 제국에 합병하노라.

이 조서에는 병합조약의 조인에 대해서 전혀 언급하고 있지 않

---

2) 메이지-타이쇼기 정치가로서 육군대신, 원수 출신. 쵸수번 출신으로 제1차 카츠라 내각에 입각해 육군대신을 역임함. 1910년에 초대 조선총독부 총독을 거쳐 1916년에 수상을 역임함.

다. 어명 옥새가 있는 이 조서에 가츠라 타로桂太郎[3] 총리대신, 테라
우치 마사다케 육군대신, 고무라 주타로小村壽太郎[4] 외무대신, 사이
토 마코토齊藤實[5] 해군대신, 히라타 토스케平田東助[6] 내무대신, 고토
신베이後藤新平[7] 체신대신 등이 연서하고 있다. 테라우치가 한국 통
감과 육군대신이라는 두 직함을 사용하고 있음을 볼 수 있다. 이 조
서는 한국 황제 순종純宗을 이제부터는 창덕궁 이왕李王으로 부르고,
이전 황제 고종高宗을 덕수궁 이태왕李太王으로 부를 것을 결정하고
이날 관보官報 호외 1호로 인쇄하였다.

이어서 천황이 "한국병합에 관한 조약을 재가하고 이를 공포한
다"라고 하여 병합조약 전문이 발표되었고, 일본 정부가 이날 10개
국에 보낸 〈한국병합에 관한 선언〉도 함께 관보 호외 2호로 인쇄하
였다. 이 선언에는 "일한 양국 정부는……양국 전권위원들로 하여
금 하나의 조약을 체결함으로써 완전히 한국을 일본제국에 병합할

3) 메이지기의 귀족 군벌 정치가. 육군 대장 출신으로, 총리대신을 3회 역임하고 외교상으로도
   수완을 보임.

4) 메이지기 정치가, 외교관으로 오비번 출신. 하버드대학에 유학하고 나중에 외무대신이 됨.
   포츠머스회의의 전권대사로서 조약에 조인했고, 영일동맹의 체결, 관세 자주권 회복, 한국병탄
   등을 주도한 인물.

5) 메이지-쇼와기 해군, 정치가. 해군대신을 다섯 내각에 걸쳐 역임했고, 조선 총독을 2회에 걸쳐
   역임함. 이후 내각 30대 총리대신으로 취임했고, 1936년 2.26사건으로 암살됨.

6) 메이지-타이쇼기 관료, 정치가. 농상무대신, 내무대신, 내대신을 역임하고, 특히 야마카타
   아리토모의 측근으로 유명함.

7) 메이지-쇼와기 의사, 관료, 정치가로서 대만총독부 민정장관, 만철 초대 총재, 체신대신,
   내무대신, 외무대신 등을 역임함.

것"이라고 씌어 있다.

이날 서울에서는 대한제국 황제의 최후 칙서가 공포되었다. "짐……이에 한국의 통치권을 이전부터 친신의앙親信依仰[8]하던 이 웃나라 대일본 황제 폐하에게 양여하여, 밖으로 동양의 평화를 공고히 하도록 하고 안으로 8도의 민생을 보전토록 한다"라고 서술하고 있다. 조약을 체결한 것은 씌어 있지 않았다. 이 칙서의 원본에는 옥새가 찍혀 있지만 황제의 서명, 곧 이름이 씌어 있지 않다. 황제는 서명하지 않은 것으로 보인다.

테라우치 통감은 동시에 〈유고諭告〉를 발표하였다. 거기에는 "일본 천황 폐하는 조선의 안녕을 보장하고 동양 평화를 유지하기 위해 이전 한국 군주의 희망을 받아들여 한국을 병합한다"라고 서술되어 있다. 한국 황제가 나라의 통치권을 양도하고 일본의 천황에게 한국의 국토를 병합해달라고 요구했기 때문에 일본의 천황은 그것에 동의했다는 게 유고의 내용이다. 그런 조약의 조인은 병합을 열강이 승인하도록 하기 위한 일본의 퍼포먼스였다. 한국병합의 핵심은 일본 천황이 병합을 스스로 결의하여 실행했다는 것이다. 그건 천황의 조서로 선언되었다. 이제 와서 보면, 한국의 황제를 비롯하여 한국 국민이 이러한 사태를 얼마나 원통하게 생각했는지 상상하는 건 어려운 일이 아니다.

2010년 5월 10일에 '한국병합' 100주년에 즈음하여 한국과 일본

---

8) "진심으로 믿고 우러러 의지하던"

의 지식인이 공동 성명을 서울과 토쿄에서 동시에 발표하였다. 나는 이 성명의 초안 작성과 발표에 깊게 관여하였다. 이 성명에서는 병합 과정에 관해서 다음과 같이 주장하였다. 먼저, 병합은 일본군이 점령한 결과로 실현되었고 민족의 의지에 반하여 강행된 것이라고 서술하고 있다. 곧, 한국 황제가 자발적으로 국권을 양도했다고 기만한 병합조약은 불의·부당한 것이라고 지적하였다. 결국 한일 양국이 국교를 수립한 1965년의 한일 기본 조약에서 병합조약의 무효를 선언한 제2조를 둘러싸고 양국 정부는 다른 해석을 해왔다. 그렇지만 병합조약은 두 나라가 대등한 입장에서 합의로 체결되었으므로 애초에는 유효했고 무효가 된 것은 한국이 건국할 때라는 일본 쪽의 해석은 이미 유지할 수 없게 되었다. 이제는 병합조약이 원래부터 null and void(완전 무효)였다는 한국 쪽의 해석을 채택하여 역사 인식의 격차를 극복해야 한다고 결론지었다.

이 성명에 대한 태도는 한국과 일본에서 대조적이었다. 한국에서는 발기인에 학계와 언론계의 유력한 사람들이 망라되어 그 면면 자체가 강한 인상을 주었다. 그리고 성명이 발표되자 "병합 무효 선언"으로 모든 신문, TV가 대서특필하여 사회적으로 커다란 영향력을 발휘하였다. 이 모두가 일본 총리의 담화를 요구하는 강한 압력으로 작용하였다고 생각한다. 하지만 일본 쪽에서는 대표적인 역사가가 발기인에 참여했고 서명자도 열의를 다했으나 미디어의 지지는 대단히 약했고 두, 세 개의 신문이 최초의 기자 회견을 조그맣게 보도했을 뿐이다. 성명서 내용을 신문에 보도하지도 않았다.

새삼스럽게 한국 사람들에게 일본에 병합되었다, 곧 일본에 나라를 빼앗겼다고 하는 게 아직도 얼마나 심각한 역사로 인식되고 있는지를 느낄 수 있었다. 일본인에게는 반성해야 할 과거사의 한 장면이라는 인식 이상으로 나아가지는 못했다. 그 자체가 심각한 일이다.

한국으로부터의 강한 기대가 높아지는 가운데 칸 나오토菅直人 총리는 8월 10일에 병합 100년을 맞이하여 총리 담화를 발표하였다. 그것은 실로 훌륭했다. 내용도, "정치적·군사적 배경 아래 당시 한국 사람들은 그 뜻에 반하여 이루어진 식민지 지배로 말미암아 나라와 문화를 빼앗기고 민족의 자긍심에 심한 상처를 받았다"고 하여 병합의 강제성을 인정하는 방향으로 나아갔다. 이것은 1995년의 무라야마村山 총리 담화에도 없던 인식이었기 때문에 의미가 컸다. 이 성명을 모두가 지지하고 그 의미를 깊게 이해하여 한국 및 북한과 화해해 나갈 필요가 있다. 100년 전에 일어났던 역사적 사건을 어떻게 이해할 것인가, 커다란 인식의 차이를 어떻게 접근시킬 것인가, 2010년에는 새로운 노력이 이루어졌다. 이 점을 염두에 두면서 거기서부터 시작된 100년사를 깊게 이해하기 바란다. 이 책이 여러분의 생각을 깊게 하는 길잡이가 된다면 기쁜 일이 될 것이다.

마지막으로, 이 책을 마무리하는 데에는 많은 분의 도움을 받았다. 이 자리를 빌어 감사를 드린다. 특히 강의 테이프를 풀어 초고를 만들어준 우치다 쥰온內田純音 씨에게는 매우 고맙다는 인사를 보낸다.

2010년 11월 15일

1장_ 관련 연표

1894년	갑오농민전쟁
	청일전쟁(~1895년)
1895년 4월	시모노세키조약 체결/ 3국간섭/ 민비살해사건
1896년 2월	아관파천
1898년	러시아 랴오둥반도 조차
1900년	의화단사건/ 청러전쟁
1902년	영일동맹
1903년	러일협상
1904년 2월 6일	러일전쟁 개시(~1905년)
	월 23일 한일의정서 조인
1905년 9월 5일	포츠머스조약 체결
	11월 17일 제2차 한일협약(을사보호조약: 한국의 외교권 상실, 통
	감 설치)
1907년 7월 24일	제3차 한일협약(통감 내정권도 장악)
1910년 8월 22일	한국병합조약 조인
	8월 29일 병합조서/ 일본 대한제국을 병합, 조선총독부 설치

1

청일전쟁 · 러일전쟁부터 한국병합까지
— 《고개 위의 구름》과 메이지 일본

《고개 위의 구름》과 러일전쟁 연구

내가 처음 러일전쟁에 관해 쓴 건 1973년에 츄오고론샤中央公論社에서 나온《니콜라이 랏세르―국경을 넘은 나로드니키》(상·하)다. 실제로 그것은 나의 첫 책이다. 러일전쟁의 말기, 일본 전국 30개의 포로 수용소에 수용되었던 7만 명의 러시아인 포로에 대해서 혁명 공작을 했던 러시아인 닥터 랏세르, 본명 니콜라이 스지로프스키 Nikolai Konstantinovich Russel' Sudzilovskii[1]의 전기다.

집필을 하면서 토쿄대학 비교 문학 교수였던 시마다 긴지島田謹二가 1961년에 쓴《러시아에서의 히로세 타케오広瀬武夫 ― 무골천사

---

1) 19세기 후반부터 20세기 초까지 활동한 러시아의 혁명가로 1874년에 망명해 루마니아 사회주의 운동의 탄생을 위해 노력하다, 1887년에 미국으로 건너가 1892년에 하와이에서 하와이주 상원 의장에 취임. 러일전쟁 시기에 일본에 억류중이던 러시아인 포로들에 대해 혁명 공작을 위해 일본에 왔다가, 러일전쟁 이후 나가사키에 체류하면서 혁명 신문을 창간하기도 함.

전無骨天使傳》과 1971년에 막 완결된 시바 료타로司馬遼太郎 씨의 장편소설《고개 위의 구름坂の上の雲》을 의식하고 있었다. 이로부터 40년쯤 지났지만 러일전쟁이란 테마는 그동안 계속 가슴에 담아두고 있었다. 2005년 러일전쟁 100주년에 즈음하여 게이오대학의 국제 심포지엄에 참가 요청이 와서 다시 본격적으로 연구하게 되었다. 이번에는 시바 씨의《고개 위의 구름》을 더욱 중시하는 형태로 일을 했다.《고개 위의 구름》이 NHK 드라마가 되어 2009년 말부터 방영된다는 소식을 들었기 때문에 이에 발맞춰 나의 책《러일전쟁 ― 기원과 개전》상권(岩波書店)을 발간하였다.

시바 씨는 생전에《고개 위의 구름》으로 TV 드라마로 만드는 걸 강력히 반대하였다는 이야기를 들었다. 그 이유는 내용상 전쟁 장면이 연속되기 때문에 그대로 TV 드라마를 만들면 마치 전쟁을 찬미하는 게 될 가능성이 크다는 것이었다. 그렇지만 나는 조금 복잡한 생각이 시바 씨에게 있었다고 생각한다. 그것은 이 이야기의 끝부분에서 다루겠다.

씨바 씨의 작품과 역사 인식에 관해서는 다양한 논의가 있다. 역사가의 책으로는 2009년에 나카츠카 아키라中塚明의《시바 료타로의 역사관》, 나카무라 마사노리中村政則의《〈고개 위의 구름〉과 시바 역사관》이 출간되었다. 그 이후로 여러 출판사에서《고개 위의 구름》에 관하여 사진을 집어넣은 커다란 판형의 책을 출간하였다. 가장 최근에는 나리타 류이치成田龍一의《전후 사상가로서의 시바 료타로》도 나왔다.

시바 씨가《고개 위의 구름》을 쓸 때까지의 일본의 지배적인 분위기는 패전 이래의 전쟁과 군대에 대한 혐오였다. 그것은 GHQ(연합국 총사령부)의 정책의 영향도 있었지만, 전후 일본 국민에게 그러한 감정이 강했던 게 결정적이었던 것으로 보인다. 전쟁 부정, 군대부정의 감정 속에서는 군인 신軍神, 곧 군사적 영웅은 부정되었다. 러일전쟁의 영웅인 노기 마레스케乃木希典[2], 토우고우 헤이하치로東鄉平八郎[3] 두 장군은 항복할 때까지 일본제국 우표의 대표적인 그림이었지만 그 우표가 없어지게 되자 노기나 토우고우도 잊혀져갔다.

그러나 전후 10년이 지나자 다음과 같은 생각도 나타났다. 전전 일본의 전쟁 역사 전부를 부정해야 할 것인가, 아니면 처음엔 좋았지만 도중에 나빠진 것은 아닐까? 그렇다면 어디서부터 나빠진 것일까? 만주사변부터일까, 중일전쟁부터일까? 거꾸로 어디까지는 좋았는가? 러일전쟁까지는 좋았던 건 아닐까? 전쟁이 바람직하지 않다고 해서 자기 나라 근대사를 전부 부정해버려서는 안 된다는 기분도 들었던 것이다. 전후 역사학은 메이지유신으로 천황제 국가를 출현하여 이 국가가 아시아 침략을 했기 때문에, 메이지유신 그

---

2) 메이지기 초슈 출신 무사였고, 서남전쟁, 청일전쟁, 대만 정벌, 러일전쟁 등에 참전한 육군 군인(대장)임. 러일전쟁에서는 뤼순 포위 공격을 지휘했고, 그 전에는 대만 총독을 역임했음. 쇼와 천황 히로히토의 교육에도 참가했는데, 메이지 장례일에 가족과 함께 할복한 것으로 유명함. 전후에 노기진쟈乃木神社 등과 같이 군인 신으로 추앙받기도 함.

3) 막말-메이지기 싸츠마 출신 번사이자 군인으로, 해군 대장, 원수에 이른 해군 제독. 청일전쟁과 러일전쟁의 승리에 크게 기여했고, 일본의 국제적 지위를 제국주의 반열에 올린 인물. 특히 러일전쟁에서는 연합함대를 이끌고, 동해에서 세계적 전력을 갖고 있던 발틱함대를 정자丁字 전법 등으로 패퇴시킴.

자체에 문제가 있다고 낮게 평가하고 있었다. 그러한 평가에 대한 반발도 있었던 것이다.

그래서 1957년에 아라시 칸쥬로嵐寛寿郎가 메이지 천황 배역을 했던 영화〈메이지 천황과 러일대전쟁〉이 제작되자 5억6천만 엔의 매출을 올리며 엄청난 히트를 쳤다. 1961년에는 앞에서 말한 시마다 긴지의《러시아에서의 히로세 타케오》가 좋은 평판을 받았다. 히로세 다카오는 잊혀지고 있던 군인 신의 하나로, 러일전쟁 중에 뤼순旅順 항 폐쇄 작전에서 전사했던 사람이다. 제2차 폐쇄 작전 때 돌아오지 않는 자신의 부하를, "스기노杉野 어디 있어" 하고 찾다가 포탄에 맞아서 죽었다. 시마다 씨는 히로세가 러시아 주재 무관을 역임하면서 러시아를 많이 연구했고 러시아 해군 소장의 딸과 연예 관계에 있던 걸 알았다. 히로세는 그녀에 대한 연정을 품고 있었지만 역시 자신은 군인으로서 조국을 위해 싸우다 죽음을 맞이했다. 실로 명실상부한 무사다. 시마다 씨는 이러한 글로 강한 인상을 주었던 것이다.

1968년은 메이지유신을 단행한 지 100년 되는 해다. 그 무렵이 되자 여러 논의가 제기되었다. 역사가 쪽에서는 후루야 데츠오古屋哲夫 씨의《러일전쟁》(中公新書, 1966)이 발간되었다. 러일전쟁은 제국주의 전쟁이고 러시아나 일본 모두 다 나쁘다는 입장이었다. 대단히 균형잡힌 시각이지만, 지금 보면 평범하다고 할 수 있다.

시바 료타료 씨의 소설《고개 위의 구름》은 1968년 4월부터 산케이 신문에 연재하기 시작하였다. 산케이 신문 사장 미즈노 시게오

水野成夫 씨로부터 "메이지 100년에 즈음하여 신문 소설을 써보라" 는 권유를 받고 썼던 것이다. 이것은 이요노마츠야마伊予松山[4] 출신 의 세 인물, 아키야마 요시후루秋山好古[5]와 사네유키眞之[6] 형제와 사 네유키의 친구였던 마사오카 시키正岡子規[7]의 이야기다. 요시후루는 일본 기병騎兵의 아버지로 불리는 사람이고, 사네유키는 해군 참모, 곧 동해 전투의 전략을 세운 사람이다. 마사오카는 문학자·시인, 현대 하이쿠俳句의 창시자다. 마사오카는 1867년에 태어났기 때문 에 바로 메이지유신의 아이이고, 그 사람들이 메이지의 근대 국가 를 만들어간다는 이야기다. 그래서 시바 씨가 단행본 제1권의 후기 에 쓴 유명한 말이 있다.

"유럽적인 의미의 '국가'가 메이지유신으로 탄생했다.……누구 라도 '국민'이 되었다. 길들여지지 않은 채 '국민'이 된 일본인들은

---

4) 에도 시대 이요구니온센군伊予国温泉郡(현재의 애이매현 마츠야마시)을 중심으로 그 주변 지역을 영유한 번으로, 번청은 마츠야마성임. 막부 말기에 막부 쪽에 서서 죠쥬 정벌 등에 앞장서다가 재정난에 빠지고 도사번에 점령당하기도 함. 메이지유신 이후 폐번치현으로 마츠야마松山현이 됨.

5) 메이지-쇼와기 군인으로 육군 대장에 이르렀고, 만주에서 세계 최강의 기병 집단에게 이긴 일본 기병의 아버지로 알려져 있음. 동해해전에서 선임 참모로 정자丁字 전법을 고안해 발틱함대를 무찌른 사네유키는 그의 동생.

6) 메이지-타이쇼기 군인으로 해군 중장에 이름. 러일전쟁의 동해해전 때 인생의 절정기였다고 얘기되며, 러일전쟁의 공적으로 해군에서 신비적인 명참모로 칭송되고 숭배의 대상이 됨. 토우고우도 그의 작전 입안 능력을 크게 평가할 정도였음.

7) 메이지기 일본을 대표하는 배우이자 가인歌人·일어학 연구자로 하이쿠, 단가, 소설 등 다방면으로 창작 활동을 하여 일본 근대 문학에 큰 영향을 미침. 러일전쟁의 명참모로 알려진 아키야마 형제와는 동향 출신이며, 특히 동생 사네유키와는 유년 시절부터 친구로 토쿄로 간 뒤에도 공립학교共立学校의 동급생으로 친교 관계를 유지함.

일본 역사상 최초의 체험자로서 그 신선함에 매료되었다. 이 애처로울 정도의 매료를 알지 못하면 이 단계의 역사도 알 수 없다."

"정부도 조그만 살림이었고, 여기에 등장하는 육 · 해군도 그만큼 작았다. 동네 공장처럼 조그만 국가 안에서 부분 부분의 의무와 권능을 갖게 된 스탭들은 살림살이가 작았기 때문에 마음껏 일하고 그 팀을 강화한다는 단 하나의 목적을 향해갔고 그 목적을 의심하지 않았다. 이 시대의 밝은 분위기는 이런 낙천주의로부터 온 것일 것이다. 이 긴 이야기는 일본 역사상 유례 없는 행복한 낙천가들의 이야기다."

"낙천가들은 그러한 시대인으로서의 체질로, 앞만 주시하면서 나아간다. 떠가는 고개 위 푸른 하늘에 만약 한 점의 흰 구름이 빛나고 있다면 그것만 쳐다보며 고개를 올라갈 것이다."

군인과 문학자라는 이례적인 조합으로 세 사람의 성장 이야기를 쓴 것이다. 세 사람의 인생에서 최대 과제는 러시아와의 전쟁이다. 압박해오는 러시아와 싸우는 게 숙명이자 국민적 과제였다. 메이지 유신의 아이들은 그런 국민적 숙명을 지고서 필사적으로 노력했다는 것이다. 왜 그랬는가를, 시바 씨는 제2권에서 이렇게 쓰고 있다.

"러시아의 침략주의자들에게 만주와 한반도를 빼앗기면 안 된다. 왜냐하면 러시아의 극동 진출의 가장 큰 이유 중 하나는 남하하여 마침내 해양을 보는 것이었다. 부동항을 얻으려는 것이었다."

"러시아제국은 이미 시베리아를 손에 넣고 연해주와 만주를 제압하고 있으며, 그 여세를 몰아 이미 한반도에까지 영향을 미칠 기세

를 보이고 있다. 일본은 더욱 절실하였다.……한반도를 영유하려고
했다기보다 한반도를 다른 열강에게 빼앗길 경우에 일본을 방위할
수 없었기 때문이었다."

시바 씨는 "일본이 한반도를 이만큼 고집했던 건 역사의 단계가
지난 지금 보면 너무나 도리에 맞지 않고, 보기에 따라서는 우스꽝
스럽게 보이기조차 하다." 그렇지만 "19세기부터 이 시대까지 세계
의 국가와 지역은 다른 나라의 식민지가 되든가, 그게 싫으면 산업
을 키우고 군사력을 가져서 제국주의 국가의 반열에 들어가든가 하
는 두 개의 길밖에 없었다." "일본이 유신에 의해 자립의 길을 선택
한 이상, 이미 그때부터 다른 나라(한반도)를 성가시게 하더라도 자
기 나라의 자립을 보전해야만 했다. 일본은 그 역사 단계에서 한반
도에 집착할 수밖에 없었다. 만약 한반도를 버리면 한반도는 물론
이려니와, 일본 자체도 러시아에 병탄倂呑되어버릴 우려가 있다"라
고 서술하고 있다.

곧, 러시아가 한반도를 손에 넣으려 하기 때문에 이를 쳐내기 위
해서 일본이 한반도를 통제했다는 것이다. 러시아가 한반도를 손에
넣으면 일본의 안전과 독립은 있을 수 없다고 보고 있다. 하지만 이
런 논의를 하면서도 《고개 위의 구름》에는 한반도에 관한 이야기가
전혀 나오지 않는다.

"한국 자신도 어떻게 할 수 없었다. 이 씨 왕조는 이미 500년이나
지속되어 그 질서가 노화했다. 때문에 한국 자신의 의사와 힘으로
스스로의 운명을 개척해 나갈 능력은 전혀 없었다고 할 수 있다."

한반도에 관해서는 고작 이 정도이고, 더 이상의 이야기는 없다. 이 책에 나오는 조선인의 이름은 동학의 지도자 전봉준全琫準인데, 그것도 한 번밖에 나오지 않는다. 당시의 조선 국왕 고종은 한 번도 나오지 않는다. 그리고 일본 공사 등에 의해 살해당한 그의 왕비 민비 얘기도 전혀 나오지 않는다.

러시아 쪽의 인물로는 황제 니콜라이 2세, 황제의 측근인 베조브라조프A. M. Bezobrazov[8], 뤼순에 있던 극동 태수 알렉세예프Evgenii Ivanovich Alekseev[9] 등이 등장한다. 황제와 이 두 사람이 전쟁 추진 세력이라고 묘사하고 있다.

"러시아 황제가 마치 징기스칸처럼 터무니없는 모험에 본격적으로 나선 것은 알렉세예프와 베조브라조프를 양축으로 하는 극동 체제가 확립되었기 때문이다."

베조브라조프를 황제의 브레인으로 삼고 알렉세예프를 군의 지도자로 하여, 니콜라이 2세가 침략에 나섰다는 것이다. 그 일파에 저항하여 전쟁을 회피하려고 했던 사람으로 재무 장관 위테S. Y. Witte[10]를 등장시킨다.

러시아의 군인이 일본을 어떻게 보았는가에 관해 시바 씨는 "이

---

8) 러일전쟁기 사업가이자 정상으로서 당시 러시아제국의 대외 정책에 핵심적 영향을 미친 인물.

9) 제정 러시아의 해군 제독으로, 러일전쟁에 러시아 극동 지역의 태수viceroy이자 관동 지역 제정 러시아군의 총사령을 역임.

10) 러시아 최후 두 명의 황제에 봉사한 인물로서 러시아제국의 팽창적 산업화를 관장한 고위 정책 결정자였음. 그는 소위 제1차 러시아 헌법의 선구가 된 1905년 10월 선언의 저자이기도 하며, 러시아제국의 총리를 역임하기도 했음.

상하게도 러시아 군인 어느 누구도 일본의 실력을 정당하게 평가하지 못했고, 냉정히 분석하지도 않았다"고 말하고 있다. 러시아에 대해서는 최소한 이 만큼은 언급하고 있다.

결국에 러일전쟁이란 무엇이었던가? 시바 씨는 이렇게 말한다. "냉정을 되찾은 후세後世의 관점에서 보면 러시아의 태도는 변호할 게 전혀 없다. 러시아는 일본을 의식적으로 죽음으로 몰아갔다. 일본을 궁지에 몰린 쥐로 만든 것이다. (일본은 —옮긴이) 죽을 힘을 다해서 고양이를 물 수밖에 없었다."

"러일전쟁이란 세계사적인 제국주의 시대의 하나의 현상일 뿐이었다. 하지만 그 속에서 일본의 입장은 쫓기는 자가 살기 위해 남은 힘을 쥐어짜 방위 전쟁에 나섰음에 틀림없다."

이런 사고방식은 시바 씨의 생각이라기보다는《고개 위의 구름》의 등장 인물인 아키야마 형제와 마사오카 시키의 사고방식이었고, 넓게는 러일전쟁에서 싸웠던 그 시대 일본인 대다수의 사고방식이었다. 시바 씨가 많이 참조한 책 중 하나가《고무라小村 외교사》(原書房, 1953)였고, 또 하나는 타니 히사오谷寿夫의《기밀機密 일러 전사》(原書房, 1966)였다. 전자는 외무성에서 발간한 고무라 외교의 정사正史이고, 후자는 육군대학의 교과서다. 이 책들의 내용을 그대로 베낀 듯한 인용이 이 소설에 나온다. 시바 씨는 러일전쟁에서 싸운 일본인의 사고방식을 작품 속에 끌어들인다. 그 시대 사람들이 생각했던 대로 묘사하는 기법을 쓴 것이다.

무엇보다 이 소설은 한반도에 관해 전혀 언급하고 있지 않다. 그러나 당시의 신문을 보면 톱 뉴스는 매일 조선 이야기였다. 조선에서 쿠데타가 일어났다든지, 고종이 어떠했다든지, 대신이 체포되었다든지 하는 뉴스들이다. 그 시대의 일본인은 한반도에서 일어난 사건이나 뉴스를 잘 알고 있었다. 하지만 그 시대의 일본인은 조선인이 무엇을 생각하고 있는지는 보지 않았다. 조선인이 러시아의 앞잡이가 될 것인지, 일본을 충순하게 따르는 존재가 될 것인지 둘 중 하나였다. 그런 점에서 시바 씨의 소설 세계는 메이지 시대 일본인의 세계와 기본적으로 동일하다.

최근의 역사가로는 쇼와여자대학의 치바 이사오千葉功 씨가 러일전쟁에 관한 새로운 사고방식을 보여주고 있다(《구 외교의 형성 — 일본 외교 1900~1919》, 勁草書房, 2008). 이토伊藤와 야마가타山県 등 원로파와 가츠라桂 수상과 고무라小村 등 소장파 사이에 러시아에 대한 정책상의 대립은 크지 않았다. 모두가 대화로 러시아와 협정을 체결하여 전쟁을 회피하려는 자세를 갖고 있었다. 한편 러시아의 자료에 따르면, 러시아도 전쟁을 할 의사가 없고 한반도를 일본에게 양도하려 하였다. 따라서 러일전쟁은 회피할 수 있는 전쟁이었는데, 전쟁이 나게 된 것은 의사소통의 격차 때문이었다. 치바 씨의 주장은 대략 이렇게 정리할 수 있다. "러일전쟁은 구체적인 쟁점에서는 타협이 가능했지만, 불철저한 커뮤니케이션에서 비롯된 상호 신뢰 형성의 실패로 벌어진 전쟁이었다." 치바 씨는 러시아 자료를 수집하는 데는 엄청나게 노력했지만, 그의 설명에서 일본이 한반도의 지배권에 집착해온 이유는 어딘가 사라져버린 듯한 느낌이다.

나의 책《일러전쟁, 기원과 개전》상, 하(岩波書店)는 러시아가 아직 공식적으로 발간하지 않은 문서 자료를 처음 계통적으로 분석한 것으로, 러시아와 조선의 시각을 보완하고 일본 자료도 재해석하여 러일전쟁의 기원과 개전 과정을 전체적으로 묘사하는 데 힘을 기울였다. 이 책에 근거하여 이야기를 계속해보겠다.

청일전쟁과 3국간섭

러일전쟁의 기원으로서 먼저 청일전쟁을 거론해야만 한다. 청일전쟁은 1894년에 시작하여 1895년에 끝난 전쟁으로, 러일전쟁 10년 전에 일어났다. 근대 일본의 행보에 관해 역사가들 사이에 여러 논의가 있지만, 청일전쟁까지 거슬러가면 한반도에 대한 일본의 침략성이 명백하다는 데 대해 거의 모두가 일치하고 있다. 하라다 케이이치原田敬一의《일청전쟁》(2008)은 청일전쟁의 제1막인 왕궁 공격을 "일조日朝전쟁"으로 부를 것을 제안한다. 나는 청일전쟁이 "한반도 전쟁"으로 시작됐다고 주장하고 있다. "한반도를 겨냥한 전쟁", "한반도에서의 전쟁"이라는 의미다.

청일전쟁의 출발점은 청나라가 조선 정부로부터 동학당의 반란을 진압해달라는 요청을 받고 출병한 것이다. 그러나 오늘날 한국에서는 조선 정부가 실제로 요청할 생각이 없었는데, 도리어 청나라가 조선으로 하여금 군대를 보내라는 요청을 하도록 압박했다는 주장도 있다. 어쨌든 의뢰가 이루어진 형태로 청나라는 군대를 보냈다. 동학군은 한반도의 남부에서 활동하고 있었기 때문에 청나라 군대는 서울 남쪽의 아산에 상륙하여 진을 쳤다. 청나라 군대가 한반도에 들어가자, 일본은 청나라가 출병하면 일본도 출병할 수 있다는 텐진天津조약을 이유로 조선의 의뢰도 없이 대군을 보냈다. 일본군은 인천에 상륙하여 서울 교외 지역을 점령하였다. 이것은 완전히 침략적인 행동이었다.

다음으로 이어진 것은 1894년 7월 23일 일본군에 의한 왕궁 점령이었다. 《토쿄아사히신문》 7월 25일자에 실린 사건의 첫 번째 보도는 "한국군이 오늘 아침 갑자기 북한산 허리춤의 성벽에서 발포하였다. 우리 군대가 응전하여 즉각 한국군을 퇴각시켰다"는 것이다. 무츠 무네미츠陸奥宗光[11] 외상의 유명한 회상집인 《겐겐록蹇蹇錄》에도 "왕궁 근처에서 갑자기 한국군이 먼저 발포해서, 우리 군대는 이를 추격해 성문을 밀어부치고 궐 안으로 침입했다"고 씌어 있다. '궐'은 왕궁이다. 그러나 이것은 의도적인 허위 설명이었다. 나카즈카 아키라中塚明라는 청일전쟁 연구의 대가가 있는데, 그 사람이 후쿠시마 현립 도서관에서 일본 참모본부의 청일전쟁 공식 전사의 초고를 발견하였다. 그것을 보면 일본 군대가 갑자기 공격 받아서 응전한 게 아니라, "갑자기 왕궁에 침입하여, 한국 군대를 몰아내고 국

---

11) 막말-메이지기 무사, 정치가, 외교관으로, 메이지 초기에 수행한 판적봉환, 폐번치현, 징병령, 지조개정 등에 커다란 영향을 주었음. 그리고 이토 히로부미 내각에서는 면도칼 대신으로 불리면서, 불평등 조약의 개정에 힘을 발휘한 것으로 알려짐.

왕을 장악해 이를 수호하려는" 작전을 계획하여 실시했다고 씌어 있다. 공식 전사에는 이 부분이 빠져 있고 앞에 설명한 내용으로 뒤바뀌어 있다.

즉 일본은 스스로의 판단으로 군대를 한반도에 상륙시키고 서울에 주둔시켜 왕궁을 점령하고서 국왕과 왕비를 포로로 삼은 것이다. 그리고 국왕의 아버지 대원군을 옹립하여 새 정권을 수립하였다. 결국 쿠데타를 일으킨 것이다. 나아가 국왕과 새 정부에 대해서 "청나라로부터 독립하라", 그리고 "청나라 군대를 추방해달라고 일본에게 의뢰하라"고 압박했다. 조선 정부는 청나라로부터 독립을 선언했지만, 청나라 군대를 추방해달라고 요청하지는 않았다. 일본 공사는 청나라로부터 독립했기 때문에 그런 의뢰가 있었던 것과 마찬가지라고 하면서, 청나라에 대한 공격에 나섰다. 이리하여 한반도 전쟁이 청일전쟁으로 전화해갔다.

청나라 군대는 남쪽 아산에 있었다. 청나라에서 아산으로 응원 병력을 파견하였다. 영국 상선을 임대하여 1100명의 병사를 보냈다. 일본 함대는 풍도豊島 앞 바다에서 이 선단을 공격하였다. 호위 군함에 손상을 입히고 영국 배를 진압하였다. 그래서 일본군을 따라오라고 명령했지만 청나라 군대는 영국인 함장이 항복하는 걸 용납하지 않았다. 이 상황을 본 순양함 로소쿠浪速의 토우고우 헤이하치로 함장이 이 배를 침몰시켜버렸다. 배를 침몰시킨 뒤에 구조한 것은 함장 등 영국인 3명을 포함한 250명으로, 청나라 군대의 대부분인 900명 가량이 익사했다. 일본 군함이 거의 구조하지 않은 것이다. 이 사건은 국제적인 문제가 되었다.

사실은 이 사건이 있은 뒤에 개전開戰의 조칙이 내려졌다. 이것은 근대 일본 국가가 내린 최초의 개전 조칙이었다. 이 개전 조칙은 그 뒤에 러일전쟁과 대동아전쟁의 개전 때 내린 조칙의 원형이 되었다. 그 내용은 다음과 같다. 일본은 한반도에 출병해, 내정을 개혁하고 독립국의 권리를 완전히 이행하도록 요구하였다. 조선은 받아들였지만, 청나라는 숨어서 방해하였다. 더욱이 한국에 병력을 보내서 우리 군함을 공격했다. 형편없는 짓을 한 것이다. 일본이 솔선하여 독립국으로 인정한 조선의 지위나 조약도 무시되었다. 그리고 일본의 권리와 이익도 저해받아 '동양 평화'도 보장되지 않았다. "[청나라는] 실제로 처음부터 평화를 희생시켜 자신의 잘못된 희망을 달성하려 했다고 할 수밖에 없다. 일이 이미 여기에 이르러 짐……역시 공식적으로 전쟁을 선언하지 않을 수 없다. 나는 너희들의 충실 용맹에 기대어 신속하게 평화를 영원히 복구하고, 이로써 제국의 광영을 온전한 것으로 하고자 한다." 이는 사실과는 전혀 다른 것이며, 일본의 행동을 정당화하는 주장이다. 청나라의 조칙은 사실을 담담하게 서술하고 있다.

조칙이 내려진 뒤 최초의 본격적인 전투는 1894년 9월 15일에 평양에서 벌어졌다. 뒤 쪽의 그림은 〈일군 평양 대첩도〉인데, 메이지 27(1894)년 겟코月耕라는 낙관이 있다. 청나라 병사는 대단히 희화화되고 분명하게 멸시되고 있다. 그래도 전투 장면은 사실적이다. 평양의 성벽이 그렇게 높았는지는 모르겠으나, 당시 평양이 성

겟코, 〈일군 평양 대첩도〉

벽 도시였던 것은 맞다. 청나라 군대는 전쟁이 개시되자마자 압록
강에서 남하하여 평양성에서 버티고 있었다. 성 안에는 청나라 군
대 1만 5000명이 있었고, 조선 병사도 있었다. 시민은 피난갔을 것
으로 생각되나 남아 있는 사람도 있었을 것이다. 이 전투에서 하라
다 쥬키치原田重吉라는 병사가 북쪽의 현무문을 돌파한 공적으로 유
명해졌다. 이 사람이 벽을 타올라가 안에서 문을 열었다고 한다. 작
년(2009년―옮긴이)에 평양에 갔을 때 현무문을 보니 그다지 높지는
않았고, 산 위쪽은 이제 시민의 휴게소가 되었다. 하라다 쥬키치는
일본 최초의 전쟁 영웅이 되었다. 그리고 평양 전투는 일본 육군의
탄생 이래 최초의 본격적인 전투였다. 전투는 하루만에 일본 군대

의 승리로 끝났다.

이와 관련해 사람들은 도요토미 히데요시豊臣秀吉의 분로쿠 케이초우文祿 · 慶長[12] 전투를 떠올릴 수도 있을 것이다. 그때는 코니시 유키나가小西行長가 평양을 점령하고 있었고, 명나라와 조선 군대가 평양을 탈환하려고 공격하였다. 마침내 고니시의 군대는 계속 버티지 못하고 퇴각한다. 히데요시의 전쟁 때는 포기하고 도망친 평양을 일본군이 마침내 재점령한 것이다. 종군하지도 않았던 《고개 위의 구름》의 ─옮긴이) 마사오카 시키가 이 평양 전투와 관련해 "기나 긴 밤 대동강을 건너", "앞으로 앞으로 나팔소리 휘날리며", "들로 산으로 나아가는 달의 3만 기병" 등과 같은 시구를 읊고 있다. 시바 씨는 같은 책에서 시키의 이런 시가 "전의를 앙양昻揚하기 위한 서투른 하이쿠俳句"였다고 쓰고 있다.

여기서 일본군은 북상하여 만주로 들어간다. 남쪽에 남은 일본군은 동학당의 제2차 봉기, 전봉준의 봉기에 대해 아주 잔혹한 섬멸 작전을 폈다. 이것은 최근에 이노우에 카츠오井上勝生의 연구로 아주 상세하게 밝혀졌다.

그 뒤에 황해 해전이 있었고, 육군은 남만주와 뤼순을 제압하고 마지막으로 웨이하이웨이威海衛까지 점령하였다. 일본군이 승리하여 시모노세키下關 강화 회의가 열렸다. 이토 히로부미伊藤博文[13]와

---

12) 1592년부터 1598년까지 토요토미 히데요시가 범한 제1, 2차 한반도 침략 전쟁. 한국에서는 임진왜란壬辰倭亂, 정유재란丁酉再亂이라 함.

13) 메이지기 죠슈번 출신의 무사, 정치가로 막말에 존왕양이, 토막 운동에 참가하고, 유신 이후

리훙장李鴻章[14] 사이에 협상이 이루어져 시모노세키조약이 체결되었다.

　주목해야 할 점은 시바 씨가 시모노세키회의, 시모노세키조약에 대해 전혀 언급하지 않는다는 점이다. 전쟁 뒤의 좌초지종은 전혀 서술하지 않았던 것이다. 시모노세키회의에서 일본은 한반도에서 청나라 세력을 배제하였다. 게다가 타이완, 랴오둥遼東 반도의 할양과 엄청난 배상금을 요구하였다.

　내가 평가하기로는 제국주의 기준으로 보아도 과욕을 부린 요구였다. 당시 열강은 일본이 승리했기 때문에 타이완을 가져도 상관없다고 보고 있었다. 그러나 일본의 과도한 요구를 보면서 3국간섭이 벌어진다. 러시아 · 독일 · 프랑스 세 나라가 랴오둥 반도까지 갖는 것은 지나치니 반환하라고 요구한 것이다. 앞장 선 건 러시아였다. 일본은 따르지 않을 수 없었다. 3국간섭으로 랴오둥을 반환해야 했던 일본인은 분을 삭이지 못했고, '와신상담臥薪嘗膽'을 외치며 복수하려고 하였다. 이것도 시바 씨의 소설에는 전혀 언급되지 않았다. 이것도 불가사의한 일이다. 문제가 있는 것, 일본이 실패한 것, 추악한 것은 외면하려고 하는 것처럼 말이다.

귀족 정치에서 주도 세력으로 부상함. 대일본제국헌법(메이지헌법) 기초의 중심 인물로 초대, 5대, 7대, 10대 총리대신을 역임하고, 입헌정우회라는 정당을 만들어 총재가 되었으며, 외교면에서는 청일전쟁 이후 강화조약을 통해 조선에 대한 청나라의 영향력을 배제하고 일본의 조선 지배를 위한 발판을 놓았음. 1909년 안중근 의사에 의해 하얼빈에서 암살당함.

14) 청나라 말기의 정치가로 양무 운동을 추진하고 외교를 담당하여 청조의 개혁을 위해 노력함. 청일전쟁의 강화조약인 시모노세키조약에서 청나라의 전권대사로 참가했음.

실제로 3국간섭은 매우 중요한 의미를 가졌다. 러시아가 간섭해 일본이 빼앗아간 것을 반환하도록 했기 때문에, 중국인뿐만 아니라 조선인에게도 러시아의 주가를 엄청 올려준 것이다. 청나라가 호의를 보여주어, 러시아에게 만주 횡단 철도와 동청東淸 철도[15]의 건설이 인정되었다. 한반도에서도 러시아는 믿을 만한 존재가 되었다.

조선 국왕 고종은 사실 10여 년 전부터 일본과 청나라의 지배로부터 벗어나기 위해서 러시아에 기대해야 한다는 생각을 가졌다. 이노우에 카오루井上馨[16] 외상이 그것을 알았을 때 "그 행위는 이른바 어린아이와 같은 짓"으로 매도했던 적이 있었다. 그래서 청일전쟁에서 일본의 힘에 위협을 느낀 고종이 3국간섭 이후에 민비와 함께 러시아에 접근했던 건 자연스러운 일이다. 이러한 조선의 움직임을 허락하지 않겠다는 생각에서 벌어진 일이 민비살해사건(1895년)이었다. 시바 시로柴四朗(필명 도카이 산시東海散士)라는 대외 강경파 활동가가 미우라 고로우三浦梧樓라는 퇴역 군인을 공사로 내세워 민비 살해를 벌인 것이다. 이 사건이 참모본부의 가와카미 소오로쿠川上操六 차장과 연계되어 있었음을 나카츠카 아키라의 제자 김문자金文子가《조선 왕비 살해와 일본인》(2009)에서 밝히고 있다.

1895년 10월 8일에 일본 공사가 지휘했고, 일본 공사관의 제2인자가 개입해 일본인 깡패와 일본 군대를 궁궐에 난입시켜 민비를

---

15) 하얼빈 철도의 옛 이름.

16) 메이지기 죠슈 출신 무사, 정치가, 실업가로 태정관 시대에 외무경, 참의, 쿠로다 내각에서 농상무대신, 제2차 이토 내각에서 내무대신 등을 역임했음.

살해해버린 것이다. 민비가 살해된 옆방에서 고종은 떨고 있었다. 이것은 엄청난 폭거였다. 이를 정원에서 러시아인 고용 건축가 세레진 사바친이 지켜보고 있었다. 고종에게 동정심을 느끼고 있던 러시아 공사 베벨은 이 이야기를 전해듣고서 매우 분개하였다. 그런 짓을 용납할 수 없다고 생각해 그는 미우라 공사를 매우 비난하였다. 결국 궁에 있으면 위험하다고 생각해, 고종은 4개월 뒤에 러시아 공사관으로 도망가 그 곳에서 쿠데타를 일으켰다. 친일 개화파 총리 김홍집金弘集은 서울 길거리에서 살해당했다. 이게 아관파천俄館播遷(1896년)이다.

일본은 청일전쟁으로 청나라를 내몰고 한반도를 자기 것으로 만들었다고 생각하고 있었다. 그런데 국왕이 이에 저항해 러시아 공사관으로 들어가버린 것이다. 60년 뒤인 1956년에 헝가리 사건이 한창일 때 소련 탱크가 부다페스트에 들어왔을 때, 임레 나지Imre Nagy[17] 수상이 유고슬라비아 대사관으로 도망친 일이 떠오른다. 고종은 단지 도망친 것이 아니라 러시아 공사관에서 정치를 하기 시작했다. 사건을 조사하러 왔다가 그대로 공사로 주저앉은 고무라 주타로가 임기를 마치고 귀국했을 때, 가츠 카이슈勝海舟[18]에게 "천

---

17) 1956년 헝가리 민주 혁명 당시 헝가리의 수상으로 일당 독재의 해체, 바르샤바 조약 기구의 이탈 등 소련 진영으로부터의 이탈을 주도한 정치인. 소련군의 침공과 더불어 유고슬라비아 대사관에 피신했으나, 소련군에 체포당해 비밀 재판에 회부되어 처형당함.

18) 막말부터 메이지기 무사, 정치가. 메이지유신 이후에는 참의, 해군경, 추밀고문관 등을 역임하고 백작의 작위를 받음.

자를 빼앗겨 만사가 움직이지 않는다"고 말한 바 있다. 결국 일본이 어찌할 수 없는 상태가 되어버린 것이다. 시바 씨의 소설은 민비가 살해당한 것이나 고종이 러시아 공사관에서 농성한 것에 대해서도 전혀 다루고 있지 않다.

한반도를 둘러싼 러일협상

일본으로서는 모든 일을 다시 수정할 수밖에 없었다. 러시아와 협상하여 승인을 얻는 형태로 일본의 이권을 한반도에서 얼마간 확보하는 것으로 활로를 찾을 수밖에 없었다. 가장 공을 들였던 것은 1896년 니콜라이 2세의 대관식을 위해 야마가타 아리토모山縣有朋[19]가 러시아를 방문했을 때의 협상이다. 야마가타는 한반도의 독립을 일본과 러시아가 보장하는 것으로 하고, 만약 군대를 보낼 때는 평양을 경계로 지역을 나누어 일본은 남부 한반도에, 러시아는 북부 한반도에 보내자고 제안하였다. 이것은 거의 북위 39도선에 해당한다.

러시아에서는 이때가 일본과 협정을 체결할 유일한 기회였다고 말하는 사람이 있었다. 일본과 청나라의 주재 무관으로서 러시아에서 극동 정세를 가장 잘 알던 보가크가 1903년에 실제로 그렇게 말

---

19) 막말부터 메이지기 쵸슈 출신의 무사, 육군 군인, 정치가로 육군 제1군 사령관, 육군 참모총장을 거쳐, 내무대신, 사법대신, 총리대신, 추밀원 의장 등을 역임함.

한 적이 있다. 한반도를 둘러싸고 일본과 러시아가 영향력을 분점하는 협정을 체결했다면 일본과 러시아는 전쟁을 하지 않았을지도 모른다. 그리고 일본이 한반도를 병합하는 사건도 피할 수 있었을지 모른다. 어떤 의미에서는 이때가 커다란 기회였다.

그러나 야마가타가 그런 제안을 했을 때 러시아 외상 로바노프 로스토프스키Lobanov Rostovsky는 신통한 반응을 보이지 않았다. 조선 국왕이 러시아 공사관에 피신하여 도와달라고, 그리고 군사 교관과 재정 고문을 보내달라고 하고 있었다. 러시아는 대단히 유리한 입장에 있었다. 따라서 세력권을 나누는 협정까지는 체결할 필요가 없다고 생각한 것이다. 따라서 그 당시 맺어진 야마가타-로바노프 의정서는 겉치레일 뿐이었다.

당시 러시아 주재 공사 니시 도쿠지로西德二郎[20]는 이때 러시아의 속내를 보았다. 러시아는 한반도를 자신의 보호국으로 만들거나 한반도를 일본과 나누어가지려는 생각을 전혀 갖고 있지 않다. 적당히 관심을 갖고 있었을 따름이다. 따라서 일본이 힘을 써서 찍어누르면 러시아는 반드시 물러난다. 이게 니시의 결론이었다. 이는 결정적인 순간이었다. 결국 러시아는 한반도에 무책임하게 관여하고 있을 뿐이었다. 현장의 베벨 공사는 필사적이었으나, 러시아 외무성에서는 한반도 따위야 적당히 놔두어도 괜찮다는 식이었다.

---

20) 메이지기 사츠마 출신 외교관으로 추밀원 고문관을 역임함. 19세기 말에 외무대신을 역임했고, 1886년부터 1889년까지 주러시아 공사로서 일본과 러시아 사이에서 한국 영향력 조정 업무에 종사함.

조선에서는 개화파의 움직임이
활발해지고, 1896년 7월에 독립
협회가 생겨난다. 이 압력 때문에
1897년 2월에 고종은 러시아 공사
관을 나와 환궁한다. 고종은 여름부
터 가을에 걸쳐서 광무光武로 연호를
바꾸고 대한제국大韓帝國을 선포하여
황제가 되었다.

러시아에서는 로바노프 로스토프
스키 외상이 심장 마비로 급사하여,
1896년 8월에 덴마크 공사였던 무
라비예프가 후임으로 임명되었다.

고종의 초상화

이 사람은 야심가였다. 이 사람 아래서 러시아는 1898년에 뤼순, 다
롄大連을 조차한다. 발단은 독일이 청일전쟁 때 일본의 요구에 자극
받아 자오저우만膠州灣을 점령하여 조차한 것이었다. 독일 선교사가
살해당해서 그에 대한 보복의 의미도 있지만, 독일이 전략적으로
이를 단행했음은 두 말할 나위가 없다. 독일의 행동에 자극받은 니
콜라이 2세가 새로운 외상 무라비예프와 짜고서 뤼순과 다롄을 취
하겠다는 방침을 실행한 것이다. 이것은 일본의 여론에 매우 나쁜
인상을 주었다. 무엇보다도 일본 정부는 그때도 냉정했다. 외상이
된 니시 도쿠지로가 러시아가 그렇게 한다면, 일본은 한반도를 전
부 가지겠다고 제안하였다. 무라비예프 외상은 그건 인정할 수 없

고, 러시아로서는 한반도의 독립을 지키는 데 관심이 있다고 회답했다. 그러자 니시 외상은 시원스럽게 한 걸음 물러서서 일본의 경제 진출을 인정받는 선에서 니시-로젠 협정을 체결했다. 그때 일본은 자제하면서 사태를 지켜보았다. 아직 군사적으로 준비가 되어 있지 않았기 때문이다.

1900년이 되자 의화단義和團사건이 일어났고, 러시아는 만주를 점령하였다. 일본도 러시아가 만주를 갖는다면 우리도 군대를 준비하였기 때문에 한반도 전부를 갖겠다는 걸 러시아에게서 인정받아야 한다고 생각하였다. 이걸 '만한교환론滿韓交換論'이라고 한다. 하지만 이 순간에 한국 황제 고종은 "한국은 중립국이 되어야 한다"는 생각을 표명하면서 일본에 공사를 보내 승인해달라고 협상을 한다. 러시아 주일 공사 이즈보리스키가 이 생각을 전면적으로 지지하면서 본국과 상의하여 외상과 황제의 승인을 붙여 정식으로 대한제국의 중립국화를 인정하도록 일본 쪽에 요구한다. 그러나 한반도 전체를 자신의 것으로 가지려던 일본은 중립국 인정은 어처구니없으며, 그런 이야기는 만주에서 철수한 다음에나 하라고 회답하였다. 만한교환론으로 한반도를 전부 취하려던 일본, 중립국이 되려한 한국과 이를 지지한 러시아가 충돌한 것이다. 러일전쟁이 시작될 무렵, 이것이 근저에 있던 대립이었다.

그 뒤 1901년에 카츠라 타로 내각이 출범하여 코무라 주타로가 외상이 되었다. 비둘기파 이토 히로부미가 러시아를 방문해 협정을 체결할 가능성을 타진하였는데, 그 이면에서는 카츠라와 코무라가

1902년에 영일동맹을 성사시킨다. 영일동맹은 일본이 다른 나라와 전쟁을 하면, 예컨대 한반도에서 러시아와 전쟁을 하면 영국은 중립을 지키고, 만약 제3국이 러시아 편으로 이 전쟁에 참가하면 영국은 일본 쪽에서 싸운다는 내용이다. 일본에게는 대단히 고마운 내용이었다.

이렇게 되자 러시아가 어찌할지 생각했던 이들이 베조브라조프와 보가크였다. 보가크에 대해서는 이미 언급했다. 그는 청일전쟁 때 관전 무관으로 근무했기 때문에, 일본 군대가 대단히 강하다는 걸 알고 있었다. 보가크는 야마가타가 러시아를 방문했을 때 일본과 협정을 맺을 기회였다고 생각했다. 그러나 이미 기회는 놓쳤고, 앞으로 그럴 가능성이 다시 없을 것이라고 생각하였다. 따라서 그는 극동의 병력을 공고히 하여 일본이 전쟁을 일으키지 못하게 하는 방법밖에는 전쟁을 피할 길이 없다고 보았다. 베조브라조프는 근위 기병 장교 출신의 투기적인 인물로 압록강 연안의 삼림 이권을 얻으려고 획책했던 사람이다. 그런데 황제의 명령으로 극동에 부임해 보가크를 만난 뒤 그의 생각을 전적으로 따르게 된다.

두 사람은 극동의 병력을 강화하는 안을 추진했다. 이는 뤼순과 블라디보스톡을 연결하는 압록강을 수호선으로 생각하고, 극동 태수제를 설치하여 극동의 외교 · 군사를 일괄 장악하도록 하고, 중앙에는 극동 위원회를 만들어 황제 지휘 아래 일원적으로 지도하도록 한다는 안이었다. 당시 뤼순 요새는 관동關東주 태수 알렉세예프가 장악하고 있었으나, 다롄항은 재무상 위테가 장악하고 동청 철도

나 남만주 철도도 재무성이 장악하고 있었다. 하얼빈과 다롄은 이른바 위테의 철도 왕국의 도시였다. 이 상태로는 안 된다. 극동을 일원적으로 통제해 일본과의 전쟁을 준비해야 한다는 생각을 황제가 지지하여 극동 태수제가 실현되었다. 그러나 극동은 병력이 충분하기 때문에 염려할 게 없고, 유럽의 병력을 증강해야 한다고 주장한 크로파트킨Aleksei Nikolaevich Kuropatkin[21] 육군상이 최대의 암초였다. 베조브라조프 등은 크로파트킨을 경질하려고 그를 비판하는 의견서를 여러 차례 황제에게 제출하였다. 그러나 크로파트킨을 신뢰하던 황제는 이 비판을 흘려들었다. 결국 크로파트킨을 신임하면서 동시에 베조브라조프를 지지하는 모순된 정책 때문에, 황제의 정치는 혼란에 빠지게 된다.

이런 가운데 1903년 8월에 러일협상이 개시되었다. 이것은 2개월 전 크로파트킨 육군상이 일본에 체류할 당시에 결정된 일본 정부의 방침에 근거한 것이었다. 요컨대 러시아가 만주에 진출해 있었기 때문에 머지않아 한반도를 장악하러 올 것이다. 그러므로 일본으로서는 어디까지나 한반도는 일본의 것이라고 주장하고, 일본이 한반도를 지배하는 걸 러시아로 하여금 인정하게 만들 필요가 있었다. 이를 위해 외교 협상이 필요했다. 러시아가 그걸 승인하는 조약을 체결하지 않는다면 전쟁을 할 수밖에 없다. 러시아와 전쟁을 하려면 시베리아 철도가 완성되지 않은 지금이 마지막 기회로,

---

21) 러시아제국의 군인으로 육군대신을 역임했고, 러일전쟁 시기에는 러시아 만주군 사령관을 지냄.

앞으로 그런 기회는 다시 없을 것이다. 이러한 방침은 오야마 이와 오大山巖[22] 참모총장의 의견서에 분명하게 서술되어 있고, 코무라 외상의 의견서에서도 똑같은 생각이 개진되고 있다. 외교로 인정받을 수 있다면 좋지만, 불가능하다면 전쟁으로 인정하도록 만들겠다는 게 러일협상을 시작한 일본의 입장이었다. 이 점에 대해 연구사적으로는 의견이 갈리기는 하지만, 나는 그렇게 생각한다. 따라서 나는 만한교환론으로 타협할 수 있었음에도 정보 갭 때문에 전쟁이 일어났다는 설에 찬동할 수 없다.

러시아는 러일협상에서 일본이 한반도의 모든 부분을 전략적 목적으로 사용하지 않는다는 한 가지 조항을 반드시 인정해야 한다고 생각하였다. 곧 일본이 한반도를 완전히 지배해서는 안 된다는 의미다. 이건 일본이 절대로 받아들일 수 없는 조항이었다. 러시아는 대국이기 때문에 일본이 한반도를 갖고 싶다는 걸 인정해달라고 해도 인정할 수 없다. 패전국도 아닌데 어떻게 그걸 인정하는가 하는 게 러시아의 생각이었다. 러시아는 조선 국왕을 오랫동안 비호해왔고 도와주었다. 그가 한국의 황제가 되어서도 도와달라고 하면 늘 도와주겠다고 말해왔다. 한반도가 중립국이 되겠다고 해도 그런 생각을 지지하였다. 그런 점에 비추어볼 때 한반도를 일본이 완전히 수중에 넣겠다고 할 때 이를 인정하면서 협정을 체결할리는 없다. 극동 태수 알렉세예프나 황제 니콜라이 2세 모두 그렇게 생각하였

---

22) 막말-타이쇼기 사츠마 출신의 무사, 육군 군인, 정치가로 계급은 육군 대장, 원수를 거쳐 육군대신, 육군 참모총장, 문부대신, 내대신 등을 역임함.

다. 그렇기 때문에 러일협상은 매듭지어지지 못했던 것이다.

　러일협상이 왜 그리 오래 지속되었는가? 일본 국내에서 전쟁을 반대한 이토 히로부미나 야마가타 아리토모를 설득하는 데 시간이 필요했고, 동맹국 영국을 설득하는 데에도 시간이 필요했기 때문이다. 특히 영국에게는 충분히 협상했기 때문에 이제 어쩔 도리가 없다고 명분을 만드는 게 필요하였다. 실제로 개전했을 때 영국은 조금 더 협상해야 한다고 생각했다. 그러나 그 정도라도 협상을 지속한 것이 영국의 지지를 얻는 데 힘이 되었다.

러일전쟁─개전과 강화

　러일전쟁도 한반도 전쟁으로 시작되었다는 게 나의 생각이다. 1904년 2월 4일의 어전 회의에서 개전이 결정되었고, 2월 6일 저녁에야 협상 중단과 외교 관계 단절 등을 러시아 쪽에 통고하였다. 그러나 군사 행동은 2월 6일 아침부터 개시되었다. 이날 새벽 사세보에서 연합 함대가 출동했던 것이다. 제1, 제2전대는 뤼순을 향해가고, 제3전대는 인천을 향해 육군 병력을 태운 수송선과 함께 출동하였다. 그러나 한국 진해만을 점령하라는 명령을 받은 제3함대 제7전대는 6일 아침에 쓰시마의 다케시키竹敷에서 출항하여 그날 저녁 진해만을 점령하였다. 한국 황제는 한국의 전시 중립을 선언하였다. 그걸 무시하고 진해만을 점령했고 육전대[23]가 상륙하여 마산 전신국을 점령했다. 이게 최초의 침략이다.

한편 인천으로 향한 제3전대는 2월 8일에 인천 항 밖에 도착하였다. 항구 안에 있던 러시아 군함 한 척이 나오는 걸 공격하여 도망치는 러시아 함을 쫓아 인천에 입항하였고, 이날 밤 육군 부대가 상륙했다. 이 부대는 다음날 서울을 점령하였다. 2월 8일 밤 늦게 뤼순 항 밖에 있던 러시아 함대를 토우고우東鄉 함대가 공격하여 심각한 타격을 가한다. 이게 러일 사이의 최초의 본격적인 전투였다.

시바 료타로의 책에 진해만 점령은 서술되어 있지 않다. 무엇보다 러일전쟁을 다룬 그 어떤 책도 진해만 점령으로부터 군사 행동이 시작되었다는 사실을 서술하지 않고 있다. 뤼순에서 전투가 있던 다음날 9일 인천에서도 전투가 벌어졌다. 항구 안에 있던 러시아 군함 2척이 작정하고 항구를 나온 걸 맹렬히 공격하였다. 타격을 받은 이 2척이 인천에 돌아와 폭발해 침몰되어버렸다. 당연히 러시아는 일본에 대해서 선전 포고를 했고, 그 뒤에 일본도 선전 포고를 하였다. 러시아의 선전 포고는 사실 관계를 그대로 서술한 반면, 일본의 선전 포고는 '한국의 보전' 또는 '안전'이라는 말을 세 차례 사용하고('한국의 존망'까지 포함하면 네 차례) 한국을 위하고, 한국을 지키기 위해 러시아와 개전한다고 강조하고 있다.

현실로 일본은 진해만, 마산에 이어 서울을 점령하였다. 게다가

---

23) 해군 소속의 육상 전투 부대로, 미국 등의 해병대에 해당함.

황제 정부를 굴복시켜 2월 23일에 한일의정서에 조인하도록 만들었다. 일본의 보호를 받아들이고, 일본의 전쟁에 협력하며, 한반도의 토지는 일본이 전쟁을 위해 접수해도 무방하다는 문서에 서명하도록 했다. 어쨌든 일본군이 수도를 점령하고 있었고, 인천에서는 전투가 벌어지고 있었다. 포격 소리가 들리고 러시아 군함이 폭발하는 소리가 황궁에까지 들리는 상황이었다.

러시아는 도우러 오지 않는다고 압박하여 황제를 굴복시켰다. 의정서 조인에 반대하던 황제의 심복 이용익李容翊[24]은 일본으로 연행해가버렸다. 황제는 완전히 일본의 포로였다. 일본에 대한 조선 항복의 첫걸음이다.

다음은 평양으로의 진군과 점령이다. 한창 겨울이고 눈이 내려 쌓이는 상황에서의 진군이었기 때문에 매우 힘들었다. 선발대가 평양에 들어간 것은 2월 24일이었고, 제12사단의 주력이 도착한 것은 3월이었다. 일본군에 의한 한반도의 완전 점령 상태는 이후 1910년 합병 때까지 계속된다. 이러한 한반도 전쟁의 과정은 시바 씨의《고

---

24) 함경북도 명천 출신으로 조선 말기의 정치가. 한때 보부상褓負商으로 자금을 모았고 함경남도 단천에서 금광에 투자하여 거부가 됨. 1882년 임오군란 때 충주로 피신한 민비와 민영익 사이를 발 빠르게 오가며 비밀 연락을 담당했고, 민영익의 천거로 고종의 신임을 얻어 출세의 길에 오름. 정치적 입장은 일관성 있게 친러반일 입장을 고수하여, 1904년 러일전쟁이 일어나자 조선의 엄정 중립을 선언하도록 했고, 그 결과 전쟁 중 일본으로 압송되어 온갖 회유를 받았으나 모두 거절함. 1905년 을사조약이 강제 체결되어 국권이 박탈되고 이른바 보호 정치가 시작되자, 육군 부장陸軍副長이라는 직명으로 고종의 밀서를 가지고 원조를 요청하기 위해 프랑스로 향하던중 6월에 중국 산둥성 옌타이항에서 일본 관헌에게 체포됨. 그 뒤 해외를 유랑하면서 계속 구국 운동을 전개하다가 뜻을 이루지 못하고 블라디보스토크에서 객사함.

개 위의 구름》에 전혀 언급되고 있지 않다.

봄이 오자 일본군은 압록강을 넘어 만주로 들어갔고 만주 전쟁이
시작된다. 뤼순이 함락되고, 펑톈奉天 전투가 벌어진다. 여기서부터
《고개 위의 구름》이 그 과정을 상세히 묘사하고 있다. 제3권과 4권
에서 뤼순 공략, 5권에서 펑톈 전투, 6권에서 동해[25] 해전의 묘사로
끝내는 구성이다.

그러나《고개 위의 구름》에서는 러일 사이의 전투가 끝나는 무렵
까지만 묘사할 뿐, 그 뒤의 포츠머스 강화 회담에 대해서는 서술하
지 않고 있다. 포츠머스 강화에서 가장 중요한 것은 일본이 한국을
완전히 자유로이 처분할 수 있도록 러시아에게서 인정받은 것이다.
1905년 9월 5일에 조인된 포츠머스조약의 제2조는 다음과 같다.
"러시아제국 정부는 일본국이 한국에서 정치, 군사 및 경제상의 탁
월한 이익을 갖고 있음을 승인하고, 일본제국 정부가 한국에서 필
요하다고 인정하는 지도, 보호 및 감리 조치를 집행하는 데 이를 저
해하거나 또는 이에 간섭하지 않을 것을 약속한다." 이것이 일본이
노린 첫 번째 목적이었다. 러일협상을 통해 이를 획득할 수 없었기
때문에, 전쟁을 시작해 우세승을 거둠으로써 러시아가 인정할 수밖
에 없도록 만든 것이다. 러시아는 겨우 "한국의 주권에 영향을 미치
는 사항은 한국의 동의를 거쳐야 한다"라는 걸 일본에게 인정하도
록 하였다. 일본은 이를 회의 의사록에 남기는 데 동의하였다. 러시

---

25) 원문은 일본해로 되어 있으나, 여기서는 모두 동해로 통일함.

아는 이것으로 한국의 독립은 지킬 수 있을 것이라 생각했으나, 일
본은 이런 문장에 신경도 쓰지 않았다. 한국은 일본군의 점령 아래
있었고, 이미 한국의 주권은 제약되어 있기 때문에 일본은 무엇이
든 할 수 있다고 생각하였다.

물론 이 조약으로 일본은 한국만이 아니라 러시아로부터 랴오둥
반도와 남만주 철도를 획득했고, 더욱이 미나미가라후토南樺太(북위
50도 이남의 사할린 섬)를 할양받았다.

일본은 포츠머스조약을 조인한 뒤에 바로 한국의 외교권을 탈취
하려고 생각했다. 코무라 외상은 조약 체결 형태도 좋고, 일방적인
통고 형태도 관계없다고 거듭 확인하면서 미국 대통령 루즈벨트의
지지를 얻어냈다.

만주에서의 러일전쟁이 끝나도 일본군의 한국 점령은 계속되었
다. 서울에 온 이토 히로부미는 점령군의 힘으로 11월 17일에 제2
차 한일협약을 강제로 조인시켰다. 이를 을사보호조약이라고 한다.
한국은 외교권을 상실하고 모든 것을 서울에 있는 통감의 통제 아
래서 한다는 조약이다. 이토가 통감으로 취임한다. 그로부터 2년 뒤
인 1907년 7월 24일에 제3차 한일협약이 체결된다. 이것은 고종이
헤이그 만국 평화 회의에 밀사를 보내서 보호조약이 무효임을 호
소하려고 한 것에 대한 이토의 반응이었다. 이토는 화를 내면서 고
종을 퇴위시키고 내정을 모두 통감이 장악하도록 만들어버렸다.
1910년에 현직 육군대신 테라우치 마사타케가 통감에 취임했다.
그가 한국 총리대신 이완용에게 명령하여 1910년 8월 22일에 한

국 황제가 통치권을 일본 천황에게 양여하고, 일본 천황은 이걸 받아들여 합병에 동의하는 '합병조약'에 서명하도록 만든다. 8월 29일에 일본 천황의 한국 병합 조서가 공표되고 대한제국은 지상에서 모습을 감추게 된다. 한반도 전체가 일본의 식민지가 된 것이다. 《고개 위의 구름》은 러일전쟁 뒤의 이 과정에 대해 전혀 언급하지 않았다.

소설 《고개 위의 구름》의 '파산'

《고개 위의 구름》이란 메이지유신의 아이들이 추구한 목표를 시바 료타로가 은유적으로 부여한 명칭이다. 러시아에 대해서 승리하고, 그렇게 해서 일본의 안전과 독립을 지키는 것 ─ 시바 씨는 그게 메이지 시기 사람들이 생각했던 것이라고 설명하였다. 하지만 러시아에게 승리한다는 목표는 사실은 한국을 일본 것으로 만든다는 것을 의미한다. 결국 《고개 위의 구름》의 진짜 내용은 이웃나라 한국을 일본의 보호국으로 삼고, 마침내는 병합한다는 것을 뜻한다.

러시아는 대단히 강하다고 생각하였지만 포츠머스조약을 체결할 때는 혁명의 와중에 있을 때였다. 사실 전쟁 전부터 일본에서도 많은 사람이 전쟁이 일어나면 러시아에서는 혁명이 일어날 것이라고 지적하였다. 그런 의미에서 러시아가 강했고, 러시아가 한국을 빼앗으려 압박해오고 있었다고 보는 것은 환상이었다. 한국을 일본

것으로 만들고 싶다고 생각한 나머지, 일본인은 러시아에 대해서 그런 환상을 자아낸 것이다. 그렇게 보아야 대의명분이 선다고 생각했다. 역사 있는 이웃나라를 합병하려고 하는 것 자체가 이상한 일이기 때문이다. 그후 전쟁이 우세승으로 끝나자 일본인은 러시아는 약하고, "야만국 러시아"라고 비하하는 감정을 갖게 되었다.

시바 씨는 메이지 사람들의 감정, 그리고 그들의 러시아관으로 《고개 위의 구름》이란 소설을 썼다. 하지만 집필 도중에 이미 이 메이지 사람들의 노력이 터무니없는 방향으로 나아갔다는 걸 느끼기 시작하였다. 제2권은 청일전쟁이 끝날 무렵까지를 쓴 것인데, 그 후기에서 이렇게 쓰고 있다.

"요컨대, 러시아는 많은 경우에 자신에게 패배한 것이었고, 일본은 뛰어난 계획성으로 적군의 그러한 사정을 이용하여 아슬아슬하게 승리를 챙겨갔다. 그것이 러일전쟁일 것이다. 전후 일본은 이 냉엄한 상대 관계를 국민에게 가르쳐주려고 하지 않았고, 국민도 그걸 알려고 하지 않았다. 오히려 전쟁을 절대화하고 일본군의 신비적인 강성함을 믿도록 하여 그 부분에서 민족적인 치매가 걸리도록 했다."

이것은 심각한 말이다. 1968년에 쓰기 시작했지만, 그 다음해에 이렇게 쓰고 있는 것이다. 그리고 제5권의 후기에서 시바 씨는 주인공 아키야마 사네유키가 동해 해전의 비참함에 충격을 받아 출가하길 원했다고 쓰고 있다. 러시아 전함이 화염에 휩싸여 침몰할 때 사네유키가 "메이지를 지탱해왔던 무언가가 그 순간에 사라져가는 광

경을 그 눈으로 보았는지도 모르겠다"고 밝히고 있다. 곧, 메이지 사
람들은 승리의 순간에 자신을 지탱해온 것이 파괴되어가는 느낌을
가지지 않았을까 하고 시바 씨는 쓰고 있다.

실제로 동해 해전은 제6권에 묘사되었다. '사투死鬪'라는 장의 끝
부분에서 전투가 끝났을 때 사네유키의 심경을 다시 묘사하고 있
다. 사네유키는 함 내부를 한 바퀴 돈다. 실로 비참한 광경이 그의
눈에 비친 것이다. "몸 속의 뼈가 떨리는 듯한 충격을 느꼈다. (어차
피 그만두고서 중이 될 것이다)라고 스스로 애써 달래고 이걸 주문呪文
처럼 읊음으로써 그 이상한 감정을 겨우 가라앉히려고 했다. 사네
유키는 자신이 군인으로서는 맞지 않는 남자라는 걸 이날 밤 침상
위에서 울고 싶은 마음으로 생각하였다."

그는 전후에 실제로 승려가 되려고 행동하기 시작하였다. 그러나
친구의 필사적인 설득으로 생각을 고쳐먹었던 것이다. 자기 대신에
전후에 태어난 장남을 교육하여 승려가 되도록 했다. "이 해전에 의
한 피해자는 적 진영의 사상자만이 아니라 사네유키 자신도 그러했
다. 그리고 아직 태어나지도 않은 장남의 삶도 이 당시부터 시작했
다고 할 수 있다."

전쟁은 그렇게 끝났다고 시바 씨는 쓰고 있다. 그리고《고개 위의
구름》전편의 마지막 장이 '비 오는 고개'다. 여기에서는 우스꽝스
러운 이야기도 쓰고 있다. "확실히 이 해전이 아시아인에게 자신감
을 준 것은 사실이지만, 그러나 아시아인들은 즉각 반응하지 않았
다. 중국인, 조선인, 또 백인의 지배 아래 있던 필리핀인, 기타 동남

아시아의 민족들은 이 해전의 속보에 관해서는 둔감했고……바로 반응을 보일 만큼 민족적 자각이 성장하지 않았다." 동해 해전에서 일본의 승리에 호응해야 할 아시아인으로 조선인을 포함시킨 것은 어처구니없는 일이었다. 발틱함대의 도착을 초조하게 기다리던 이가 바로 한국 황제 고종이었기 때문이다.

이 장에서는 전쟁이 끝난 뒤 개선하기 전의 아키야마 요시후루에 대해 이렇게 쓰고 있다. 요시후루는 "러시아는 사회주의가 될 것이다"라고 예언하였다. 사회주의는 평등을 사랑하는 주의라고 말하기도 했다는 것이다. 요시후루는 말년에 고향에 돌아가 사립 중학교의 교장을 역임하였다. 사네유키는 연합 함대가 개선하는 관함식이 끝나고 다다음날 마사오카 시키의 네기시根岸 집에 가서 그 집 앞에서 잠시 배회하다가 시키의 묘를 참배했다고 쓰고 있다. 그게《고개 위의 구름》이라는 소설의 마지막 정경이다.

결국 이 소설은 동해 해전이 끝난 뒤에 단절되듯이 끝난다. 포츠머스조약도 없고, 그에 불만을 품은 사람들이 일으킨 히비야日比谷 방화 사건도 다루지 않는다. 그 뒤의 제2차 한일협약, 보호조약도 다루지 않는다. 황급하게 막을 내리듯이 이 소설은 끝나고 있다.

시바 씨의 마음속에서 무슨 일이 벌어진 것일까? 시바 씨도《고개 위의 구름》의 마지막 부분을 집필할 때, 문제는 러시아가 아니라 한국이었음을 알게 된 것은 아닐까 하고 나는 보고 있다.

사실 이 소설을 쓰기 시작할 무렵인 1968년 봄에 시바 씨는 가고시마의 미야마무라美山村에 머물며 도요토미 히데요시의 침략으로

잡혀온 조선인 도공의 14세손 심수관沈壽官 씨를 만났다. 시바 씨는 심수관 씨로부터 매우 오랜 시간 이야기를 듣고서《고향을 잊기 어려운 계절》이란 소설을 썼다. 이 작품은 1968년 6월에 발표되었다. 여기에서는 조선에서 끌려온 도공들의 쓰라린 가슴과 불안이 묘사되고 있다. 다른 나라에 끌려왔다는 가혹한 운명을 받아들이고 타향에서 생활하면서 여전히 고향을 그리워하는 사람들의 애절한 이야기다.《고개 위의 구름》이라는 작품에는 조선인이 나오지 않지만, 이 세계 밖에 심수관이 서 있고 시바 씨를 응시하고 있다.

동학 농민 반란의 지도자 전봉준이《고개 위의 구름》에 나오는 유일한 조선인이라고 했지만, 사실은 또 한 사람의 조선인 이름이 제6권에 나온다. 동해 해전에 참전하는 일본 어뢰정 부사관이 이순신에게 기도를 올리고 출전하는 장면이 씌어 있다. 이순신은 히데요시의 침략군을 괴롭힌 조선 수군의 제독이다. 이 사람이 나오는 것은 바로 심수관 14대의 존재가 주는 압력 때문이 아니었을까? 시바 료타로 안에서 한반도 문제를 둘러싼 모순이 점점 커지고 있었던 것으로 생각된다.

《고개 위의 구름》의 세계 밖에서 시바 씨를 응시하던 또 하나의 존재가 니시자와 타카지西沢隆二[26]다. 니시자와 타카지는 마사오카

---

[26] 일본의 시인이자 사회 운동가. 청년 시절부터 공산주의 사상을 갖게 되었고, 1930년에는 일본 프롤레타리아 작가동맹의 서기장이 됨. 1931년 8월에 일본공산당에 입당한 후 1934년 치안유지법 위반으로 투옥당했으나 전향하지 않음. 1966년 10월 일중 공산당 사이의 노선 문제로 제명되어, 좌파 일본공산당에 참가하고, 이후 마오쩌둥 사상 연구회를 설립해 활동함.

시키正岡子規의 양자, 마사오카 추자부로正岡忠三郎의 고교 동창생이
다. 그는 전쟁 전 일본공산당의 핵심 간부였고 이전 서기장 토쿠다
규이치德田球一의 사위였다. 중소 대립 시대에는 중국파여서 일본공
산당에서 제명을 당하기도 했다. 전쟁 중에는 토쿠다 규이치와 함
께 후츄우府中의 형무소에 있었다. 그때의 경험으로 《아미가사編笠》
란 시집을 썼다. 필명은 누야마 히로시다. 〈젊은이여 신체를 단련
하라〉는 전후 좌익의 대표적인 노래가 있는데, 그 가사가 바로 그의
시다. 니시자와는 감옥에서 마사오카 시키를 읽고 매료되었다. 뒤
에 자신의 동창인 마사오카 추자부로를 설득하여 마사오카 시키 전
집을 편찬하는 데 힘을 기울였다. 그런 연줄로 시바 료타로와 니시
자와 타카지는 1971년 무렵에 만나게 되었다. 시바 씨는 니시자와
타카지와 마사오카 추자부로의 교우 관계를 소설로 썼다. 이게 《사
람들의 발자국 소리》라는 말년의 작품이다. 이것은 《고개 위의 구
름》의 후기와 같은 작품이다.

　니시자와는 쇼와 시대의 전쟁에 저항한 공산당 당원이었으나, 그
비판적 사상은 메이지 시대에도 미치고 있다. 일본의 한반도 지배
에 대한 니시자와의 비판은 확실하였다. 시바 씨는 니시자와 타카
지를 인간적으로 매력있는 인물로 보았다. 뿐만 아니라 그의 사상
에도 탐닉했는데, 시바 씨 말년의 '토지 공유화론'에 이르러 니시자
와 타케시의 영향은 명확히 확인된다. 1975년에는 시바 씨가 니시
자와의 잡지 《무산카이큐우無産階級》에서 한반도에서의 일본의 토
지 수탈을 비판하기도 했다.

심수관 14대와 니시자와 타카지 — 이 두 인물이 《고개 위의 구름》의 세계를 응시하고 있었다. 시바 씨는 그 안에서 이 작품에 어떠한 결말을 내릴지 고민할 수밖에 없었던 것은 아닐까? 역시 《고개 위의 구름》의 세계 안에 문제가 있는 것이다. 즉, 메이지는 훌륭했는데 쇼와가 나빴던 게 아니라, 메이지라는 시대 그 자체에 문제가 있었다고 시바 씨도 인식했던 것이다. 메이지 시대의 귀결은 러일전쟁이고 한국병합이었다. 그는 그것까지 포함한 메이지 시대를 생각하지 않을 수 없었다.

《고개 위의 구름》이 칼로 자르듯이 동해 해전의 승리 직후에 끝난 것은 역시 시바 씨가 일종의 구상의 파산을 느꼈기 때문일 것이다.

NHK 드라마가 그러한 시바 료타로 작품의 행간을 전달할 수 있을까?

2장_ 관련 연표

1910년	한국병합
1917년	러시아혁명
1917년 11월	레닌의 혁명 정권에 의한 〈평화에 관한 포고〉
1918년 1월	미국 대통령 윌슨에 의한 14개조 제안
1919년 1월	베르사이유강화조약
	2월 8일 이광수 등 토쿄 유학생에 의한 2·8독립선언 발표
	3월 1일 3·1독립선언
	4월 대한민국 임시 정부를 상하이에 수립

2

3 · 1 독립선언

— 한국병합을 비판하는 조선인의 사상

1975년의 감동과 발견

한국병합을 비판하는 조선인의 사상은 병합 이후 9년이 경과한 1919년 3월 1일에 일어난 거대한 민족적 행동 과정에서 발표한 3·1 독립선언에서 발견할 수 있다. 그에 관해 살펴보자.

1973년에 김대중 납치 사건이 일어나고, 다음해 1974년 봄에 한국 민주화 운동과 연대한 일본의 시민 운동 단체인 일한 연대 연락 회의가 생겨났다. 그 대표는 평론가 아오치 신青地晨 씨였고 사무국 장이 나, 와다 하루키였다. 바로 그때 한국에서 민청학련 사건이 일어났고, 박정희 정권이 여러 대학의 학생 운동 지도자를 송두리째 체포하였다. 이 사건의 배후 조종자로서 시인 김지하와 인민 혁명 당 관련자가 체포되었고, 이들은 서울대학교의 학생 운동 지도자와 함께 모두 사형 판결을 선고받았다. 엄청난 탄압극이 연출되었다.

그로부터 35년이 지났다. 2010년 봄에 이 사건의 피고들에게 한국 사법부가 무죄 판결을 내린 것이 신문에 보도되었다. 피고의 한 사람으로 징역형을 받았다가 이후 대학 교수가 된 한국인을 만났는데, 그는 법정에서 재판관이 "이 사람들에게 죄를 묻는 것은 한국 재판의 수치다"라고 말한 것을 듣고서 감개무량했다고 나에게 이야기하였다. 여기까지 오는 데 35년의 세월이 걸렸다. 무엇보다도 한국에서 1987년에 민주 혁명이 실현된 것이 결정적인 일이다.

한편 박정희 정권은 민청학련 사건의 재판으로 내외의 비판을 받아 1975년에 인민 혁명당 관련자 이외의 피고 전원을 석방했다. 감옥에서 나온 김지하는 그해 3월 1일에 교토 통신 기자에게 〈일본 민중에 대한 제안〉을 구술하였다. 감옥에 있는 동안에 그는 일본에서 '김지하를 죽이지 말라'는 운동이 일어나고 있다는 것을 전해들었다. 그래서 그 사람들에게 연대의 메시지를 보냈던 것이다. 우선 텍스트가 먼저 오고 뒤에 테이프가 왔다. 그 테이프를 우리는 레코드로 만들어 팔았다. 한국어를 공부하려는 사람들을 위해 확산시켰다. 김지하는 이렇게 말했다.

"56년 전의 3월 1일은 우리 한국 민족과 당신네 일본 민족이 함께 깊은 아픔과 인간적 자각을 가지고서 기억해야 할 날이다. 당신네 일본 민족은 우리 민족을 야수처럼 침략하여 제멋대로 억압과 착취를 하였다. 그러나 그날 우리는 당신네 일본 민족을 단지 불구대천의 원수로 복수하려 하지 않고, 스스로의 주권과 독립을 비폭력적, 평화적인 운동 형식으로 선포함으로써 피해자인 우리 민족만이 아니라 잔인무도한 가해자 당신네 일본 민족도 동시에 구하길 염원하

김지하의 육성이 녹음된 레코드의 자켓

였다."

"우리 민족은 우리 민족만이 아니라 당신네 일본 민족도 인간화하여 구제하려는 운동을 벌였던 것이다. 바로 이게 우리 민족과 당신네 일본 민족이 오늘 [3월 1일]을 반드시 기억해야 할 이유다."

이 말을 듣고서 나는 대단히 놀랐다. 이 말은 무슨 의미일까 하고 생각하였다. 3·1운동은 유명한 사건이기 때문에 일본에서 발행한 한국사, 조선사 책에는 반드시 서술되고 있다. 와타나베 마나부渡部學가 편집한 《조선 근대사》(1968)는 일본인이 쓴 최초의 조선 근대사라 할 수 있는 책이다. 3·1 선언에 대해 쓴 이는 미야다 세츠코宮田節子다. 선언문에 대해 상당히 비판적이다. "명백하게 그들이 발표했던 선언문은 인도주의에 입각한 당당한 명문이다. 그러나……토지 수탈이나……'동화 교육'……헌병 경찰 등에 대해 그 무엇 하나 항의하지 않고 있다. 거기에는 조선 인민의 진정한 분노가 반영되어 있지 않다. 그들은 민족의 독립을 투쟁이 아니라, 미국을 필두로 한 유럽 여러 나라의 '원조'와 일본 제국주의의 '이성'에 호소하여 달성하려 했다. 그것은 선언문의 공약 3장에 여실히 표현되고 있다."

그 뒤 1971년에 나온 야마베 겐타로山辺健太郎의 이와나미 신서

《일본 통치 아래의 조선》에서도 3·1 독립선언 전문을 인용하여 "2000만 조선인의 의지를 드러냈던 당당한 대문장이다"라고 평가하고 있다. 그러나 이것을 발표한 민족 대표의 "행동은 어떻게 봐도 어이없다"고 비판하고 있다. 1974년에는 하타다 타카시旗田巍 선생의 감수로 조선사 연구회가 《조선 역사》(三省堂)를 내놓는다. 당시의 대표적인 조선사 책이다. 이 책에서 해당 부분을 쓴 것은 이구치 카즈키井口和起다. 이구치도 미야다 세츠코와 거의 같은 내용으로 평가하고 있다. 토쿄 유학생의 선언은 "일본의 침략과 지배를 격렬히 규탄하고……안팎의 조선 인민의 투지를 끓어올렸다." "그렇지만 이 '민족 대표'들은 3월 1일에 대중 앞에 모습을 드러내지도 않고 자신들만……요리집에 모여 독립 선언을 낭독하고 경무총감부에 전화를 걸어 스스로 체포당하는 행동을 하였다. 그들은 구미 여러 나라의 '원조'와 일본의 '이성'에 호소하여 '청원'으로 조선의 독립을 달성하려고 하였다. 그들은……대중의 혁명적 역량에 의거하는 걸 알지 못했다.……그렇지만 대중은 그들을 뛰어넘어 나아갔다. 3월 1일에 파고다 공원에 모인 수천 대중 앞에서 청년 학생들의 손으로 독립선언문이 배포되고 조선의 독립이 선언되었다. 곧이어 군중은 '조선 독립 만세'를 외치고 데모 행진을 시작하였다."

물론 3·1 독립 운동은 중요하게 보고 있으나 독립 선언의 내용은 빈약하고 그것을 발표한 민족 대표의 자세, 행동에 문제가 있다고 평가하고 있다. 거의 모든 책이 같은 논조다. 여기에는 강덕상姜德相이라는 유명한 역사가의 영향이 크다. 이 사람은 미야다 세츠코

씨와 함께 조선 근대사 연구의 1인자다. 강 씨가 쓴 글에 이런 구절이 있다.

"3·1 운동사에 한정해서도 최대의 희생을 치르고 일제에 직접 항쟁하고 운동을 직접 지탱하였던 인민 대중과, 투쟁 초기부터 어떠한 지도적 역할도 하지 않은 채 일제에 투항하여 감옥에 안주했던 '민족 대표'는 동렬에 놓을 수 없다. 그들의 '영웅적 행동'이 '3·1 정신'으로 남한 '헌법'의 전문에 등장하는 것은 우연이 아니다.……'민족 대표'에 대한 높은 평가는 이른바 '대한민국' 역대 지도층이 거꾸로 된 의미에서의 계급적 관점에 서서 역사적 계보에 대해 평가한 것일 수밖에 없다."(《사학 잡지》, 1971년 5월호)

조금 이해하기 어려운 문장이지만, 요컨대 한심한 민족 대표가 한국에서 평가받고 있는 건 우스꽝스럽다는 이야기다. 함의가 무엇이냐 하면, 3·1 독립 운동이 대한민국의 원점이라는 것이다. 헌법에도 나와 있다. 3·1 독립 운동 이후에 상하이에 대한민국 임시 정부가 조직되었다. 이것이 기초가 되어 1948년에 서울에서 대한민국이 생겨났다는 이야기다. 상하이에서 조직된 대한민국 임시 정부의 초대 대통령은 이승만으로, 그 사람이 1948년에 한국 대통령이 되었다. 따라서 직접적인 계승성이 있다. 3·1 운동이 대한민국의 출발점이다. 이것을 조선민주주의인민공화국의 입장에서 보면 이상한 일이다. 3·1 독립선언을 발표한 민족 대표들은 싸울 마음이 없었고, 그 중에는 나중에 민족을 배신하여 친일파가 된 자도 있다. 한심한 일당으로 무기를 가지고 싸울 기백도 없었다. 역시 무기를 가지고 싸우지 않으면 일본 제국주의는 무너뜨릴 수 없다. 무기를 가지고 싸운 게 김일성의 만주 항일 전쟁이었다. 김일성 주석의 만주 항일 전쟁을 출발점으로 한 조선민주주의인민공화국이야말로 민족적 정통성이 있다는 것이다. 이런 주장이 3·1 운동 평가의 이면에 숨어 있다. 3·1 운동에 대해 일반적으로 대단히 낮은 평가가 주어진 것은 당시에 거의 모든 역사가가 조선민주주의인민공화국을 편들고 있었기 때문이다.

따라서 앞에 설명한 것처럼 1975년에 김지하가 출옥하여 3·1 운동에 대해 말하자 우리는 대단히 놀랐고 신선한 감명을 받았다. 생각해보면 김지하는 대한민국의 입장에 서서 이야기하고 있었기 때문에 3·1 운동을 적극적으로 평가하는 건 당연하다고 할지도 모르겠다. 그러나 김지하가 말했던 것은 한국에서 통상적으로 말해지는 것과는 다른 특별한 주장을 포함하고 있었다. 그래서 나는 3·1 운동을 연구해보려고 작정하였다.

먼저 중요한 것은 3·1 독립선언은 무엇인가 하는 것이다. 3·1 독립선언을 사심 없이 읽어보니 김지하의 이야기는 3·1 독립선언에 대한 대단히 충직한 해석이었다. 3·1 독립선언의 사상 그 자체를 전해주고 있어서 다시금 놀랐다. 그래서 더 조사하여 쓴 것이 《전망》1976년 9월호에 발표한 〈비폭력 혁명과 억압 민족〉이라는 논문이었다. 거기에서 나는 이렇게 주장하였다. 3·1 독립선언은 우리 일본인에 대한 커다란 호소였다. 조선인의 입장에서 보면 싸우는 것이 좋은지 나쁜지를 둘러싸고 여러 논의가 있을 것이다. 그

러나 일본인으로서는 그 선언의 문제 제기를 진지하게 받아들여야
만 했지만, 그걸 무시했다.

사실 재일 한국인 역사가들 사이에서는 다른 의견도 있었다. 강
덕상 씨와 더불어 대표적인 재일 역사가인 박경식朴慶植 씨는 이전
부터 3·1 독립 운동을 적극적으로 평가해야 한다고 주장해왔다.
그의 저서《조선 3·1 독립 운동》이 1976년 11월에 헤이본샤平凡社
에서 나왔다. 박경식 씨는 그 책 후기에서, 책을 마무리 할 때 나, 와
다 하루키의 논문을 읽고서 힘을 얻었다고 쓰고 있다. 그 책 속 표지
에 내 논문이 인용되고 있다. 그런 이유로 내 논문과 박경식 씨의 책
은 3·1 독립 운동에 대한 적극적인 평가를 내리는 데 공헌했다고
말할 수 있을 것이다.

3·1 독립 운동은 어떻게 일어났는가

먼저 3·1 운동이 일어나기까지의 과정을 살펴보자. 1910년에
한국이 일본에 합병되자 무단 통치, 헌병 정치를 했다. 그만큼 조선
인이 격렬하게 합병에 저항했기 때문이다. 의병 운동을 일으켜 저
항했기 때문에 맹렬하게 탄압하였다. 그러한 탄압 정치가 10년이
될 무렵에 국제적으로 여러 가지 변화가 일어났다. 그 커다란 변화
의 하나는 1917년의 러시아혁명이다. 러시아의 제정, 러시아 제국
주의가 붕괴하고 사회주의 국가가 생겨난 것이다. 레닌의 혁명 정

권은 무병합, 무배상, 민족 자결이라는 원칙으로 세계 전쟁을 끝내야 한다는 〈평화에 관한 포고〉를 발표하였다. 그게 1917년 11월에 발표된 뒤에, 다음해 1918년 1월에 미국 대통령 윌슨이 14개조 Fourteen Points를 천명하였고 민족의 자치, 자결, 독립을 중심으로 한 전후 처리를 해야 한다고 제안하였다. 윌슨의 14개조가 러시아혁명의 영향을 받은 것임은 확실하다. 러시아혁명은 공산주의자들의 혁명이었기 때문에 쉽게 확산되지는 않았지만 윌슨의 생각은 세계에 커다란 영향을 미쳤다.

이러한 일련의 일들이 조선인들에게도 절실한 영향을 주었다. 1919년 1월에 베르사이유 강화 회의가 열리기 때문에 강화 회의에 어떻게 대응하고, 강화 회의에 모인 사람들에게 어떤 식으로 호소할 것인지가 조선의 지식인들 사이에서 문제가 되었다. 1918년 11월에는 천도교 교주 손병희와 젊은 지식인 최린崔麟이 천도교 내부에서 모종의 할 일을 준비하기 시작하였다. 베르사이유 강화 회의가 이윽고 시작되자 최린 등은 문학자 최남선을 참여시켜 모임을 더욱 확대하였다. 최남선이 기독교도와 이야기를 나누고 불교도에게도 참여를 호소하는 방식으로 확대되었다. 최린과 최남선은 둘다 황실 유학생으로서, 1904년에 함께 일본에 갔던 동료였다. 최린은 메이지대학, 최남선은 와세다대학에서 유학하였다.

그렇게 이야기가 진행되고 있던 중 1919년 1월 21일에 고종이 갑자기 서거한다. 고종은 줄곧 일본의 지배에 저항했던 황제다. 헤이그 평화 회의에 조선의 독립을 호소한 밀사를 보냈기 때문에 통감 이토 히로부미에게 퇴위당하여 자식 순종에게 양위한 대한제국의 끝으로 두 번째 황제다. 고종이 서거했을 때 독살설이 퍼졌다. 베르사이유 강화 회의에 고종이 또 밀사를 보내는 게 아닐까, 그걸 저지하려고 일본이 죽였다고 말하는 사람도 있었다.

또 하나는 1월 25일에 왕세자, 순종의 황태자 이은李垠과 일본 황족 나시모토미야 마사코梨本宮方子가 결혼하기로 결정한 사건도 있었다. 고종은 표면적으로는 경사스럽다고 말했으나, 한국 황통에 일본 황족이 들어오는 것이 바로 한일 융합이라고 논의되는 데 대해서 비판하고 반발하였다. 파란이 예고된 상황이었다. 결혼식은 토쿄에서 예정되어 있었기 때문에 고종이 죽은 1월 21일에는 한국 왕족은 모두 토쿄에 간 상태였다. 그 와중에 고종은 죽었다. 독살설은 여러 가지가 있었다. 나시모토미야 마사코는 이방자李方子라는 이름으로 그 뒤에 쭉 한반도에 남았다. 한국에서는 사회 복지 사업을 열심히 했다고 한다. 이방자가 1968년에 출간한 책에서 고종의 죽음은 "독이 섞인 것이 진실이다"라고 씌어 있다. 나는 직접 확인하지 않았으나, 박경식 씨가 그렇게 소개하고 있다. 어쨌든 매우 미묘한 상황이었다.

고종이 서거하자 결혼식은 연기되었다. 조선 인민은 슬픔에 잠기고 전국에서 조문을 하려는 사람이 서울에 몰려드는 상황이었다. 그 가운데 장례는 3월 3일로 정해졌다. 그 직전 2월 8일에 토쿄에서 유학생 이광수 등이 지금도 있는 한국 YMCA 회관에서 독립선언을 발표했다. 이광수는 그때 27세로 와세다대학 철학과 학생이었지만 이미 장편 소설 《무정》, 단편 소설 《소년의 비애》를 출판한 작가로 세상에 알려진 유명인이었다. 이 사람이 2·8 독립선언을 썼다. 조선 청년 독립단의 선언이라고도 불린다. 이 선언은 통상 3·1 선언 보다 잘 씌어졌다고 알려져 있다.

우선, 2000만 민족을 대표하여 "우리 독립을 반드시 이룰 것을 선언한다"고 서술하고 있다. 그리고 일본은 조선의 독립을 지켜주겠다고 말했지만 배신하였다고 비판하고 있다. 여기에서 특징적인 것은 러시아가 나쁘다는 것이다. "러시아 세력이 남하하여 동양의 평화와 한국의 안녕을 위협하였기 때문에 일본은 한국과 공수 동맹을 맺어 러일전쟁을 개시했다"는 것이다. "한국은 점점 호의를 느껴 일본 육해군의 작전상의 원조는 할 수 없었으나 우리 주권의 권위까지도 희생하면서 가능한 의무를 다하고……2대 목적을 추구했다." 그런데도 러시아에 이기고 나자 일본은 한국을 배반하여 무력으로 한국을 "일본의 보호국으로 만들었다." 따라서 이것이 괘씸하다는 것이다.

이것은 조선인들 사이에서 널리 퍼져 있는 생각이었다. 안중근의 '동양 평화론'에서도 이런 생각이 드러난다. 이것은 일본인을 설득하는 논리였다. 러일전쟁 때 함께 싸우지 않았던가, 러시아가 나빠서 당신네는 한반도의 독립을 지키기 위하여 싸운다고 말하지 않았던가. 그걸 당신네는 배반하였다. 너무 심한 게 아닌가. 그런 논의를 안중근도, 이광수도 취하고 있다. 그러나 러일전쟁을 연구해온 내가 보기로는 그렇게 말할 수 없다. 일본은 조선의 주권을 빼앗기 위

해서 러일전쟁을 한 것이다. 한반도의 독립을 지키기 위해 러시아
와 싸웠다는 것은 선전 문구에 불과했다. 확실히 그것에 속아서 일
본을 지지했던 조선인도 있었다. 러일전쟁 개전 당시에 서울에서
발간한《황성신문》은 개전 직후인 1904년 2월 12일자에 이렇게 쓰
고 있다. 힘이 있었으면 일본보다 먼저 우리나라가 러시아와 싸울
일이었다. 만한교환론이라는 괘씸한 의견을 내놓은 러시아를 용서
해서는 안 될 일이었다. 이것은 황당할 정도로 잘못된 생각이다. 한
국을 지배하기 위해 전쟁을 시작한 건 일본이었고, 만한 교환을 주
장했던 것도 일본인이었다. 병합된 지 10년 가까이 지나서도 그런
말을 하고 있다는 것이 상당히 우스꽝스러운 일이다, 안중근의 '동
양 평화론'은 병합 직전에 나온 것이라 그렇다고 하더라도, 1919년
의 2·8 선언에 그런 논리를 되풀이하는 것은 문제다.

　물론 이 선언은 일본이 대단히 나쁘다고 분명하게 쓰고 있다. 병
합 이후의 정책이 매우 잘못되었다고 쓰고 있다. 그리고 동양 평화
의 견지에서 보더라도 일본의 정책은 좋지 않다는 것이 있다. 러시
아에서는 혁명이 일어나서 제국주의가 없어졌다. 중국에서도 혁명
이 일어나고 있었다. 국제연맹도 만들어졌다. 따라서 군국주의적
침략을 하는 강대국은 이제 없다. 그렇다면 한반도를 병합했던 가
장 큰 이유는 이미 소멸했다. 다른 한편에서 한민족은 일본에 대해
서 반항한다. 우리는 철저하게 싸운다. 피를 흘리면서도 싸울 것이
다. 그렇게 되면 혼란스러워질 것이고, 한국은 동양 평화의 화근이
될 것이다. 따라서 일본은 한반도의 독립을 인정하는 것이 좋을 것

이다. 개략적으로 이런 내용이었다. 이광수의 이 성명은 기본적인 것을 분명히 쓴 중요한 선언이기 때문에 무게감 있게 받아들여야 한다. 그렇지만 내가 보기에는 3 · 1 독립선언이 깊이가 있고 수준 높다고 생각한다.

2 · 8 선언은 본국에 영향을 주었다. 학생이 그 선언을 가지고 서울로 가서 행동을 준비하고 있던 사람들에게 보여주었다. 학생이 하는 데 자신들도 무언가 해야 하지 않겠느냐고 나섰다고 생각한다. 2월 말이 되자 천도교, 기독교, 불교 등 세 종교 연합이 만들어진다. 선언문은 최남선이 쓰기로 했다. 그는 선언문과 〈일본에 통고하는 글〉 두 개를 썼다. 〈일본에 통고하는 글〉은 그다지 알려져 있지 않지만, 그런 것도 있었다.

최남선은 1890년에 태어났기 때문에 이광수보다 두 살 위로 당시 29세였다. 황실 유학생으로 일본에 건너가 와세다대학에서 공부하고서 1908년에 귀국하였다. 자기 집에 출판사를 만들어 1909년에 《소년》이란 잡지를 창간하였다. 소년을 교육하는 것, 소년들에게 눈을 돌리는 것이 중요하다고 생각했기 때문이다. 이 잡지는 1910년 8월에 발매 금지 처분을 받았다. 그 8월호를 살펴보면, 그 달에 조인된 병합조약에 대해서는 한 마디도 하고 있지 않다. 그러나 조선인으로서 자신들이 살아가야만 한다고 씌어 있다. 이로 인해 아카시 모토지로明石元二郎 헌병대 사령관으로부터 질서 문란으로 발매 금지를 명령받은 것이다. 그로부터 4개월 지나 12월이 되자 금지가 풀려 제9호가 발행되었다. 병합 이후 첫 호다. 여기에 최남선은 〈톨스토이 선생을 곡哭함〉이라는 장시를 게재했다. 톨스토이는 1910년 11월 20일에 죽었다. 한국병합 이후 3개월 된 시점에 어느 시골 철도의 역장실에서 죽었다. 최남선이 톨스토이 선생의 죽음을 애도하는 시에 대한제국의 죽음을 애도하는 감정 이입을 하고 있는 건 명확하다. 대한제국이 이 지상에서 말살당한 것을 반대한다고 하면 잡지는 폐간당할 것이다. 때문에 톨스토이의 죽음을 애도한다는 시를 통해서 자신의 감정을 표현하고 있는 것이다. 최남선은 그런 사람이었다. 톨스토이의 사상적 영향도 받았다.

《소년》에는 이광수의 소설도 발표되었고, 최남선의 작품도 발표되었다. 1914년에는 《청년》이란 문학 잡지를 창간하였다. 최남선은 이광수와 더불어 근대 한국 문학의 아버지라 불리는 사람이다. 일본이라면 시마자키 토손島崎藤村이나 나츠메 소세키夏目漱石 같은 반열의 사람이다. 그 중 한 사람이 2·8 선언을 썼고, 또 한 사람이 3·1 독립선언을 섰다. 한반도로서는 최고의 지성이 차례로 나서서 쓴 선언문이었던 셈이다.

잡지 《소년》에 실린 최남선의 〈톨스토이 선생을 곡함〉

최남선이 선언을 쓴 다음에 〈일본에 통고하는 글〉을 쓴 것은 일본에 대해서 진실을 이야기하고 일본인을 설득하겠는 의지가 강했기 때문이다. 3·1 선언 뒤에 공약 3장이 이어지는데, 이것을 붙인 이는 불교 대표 한용운이다. 이 사람도 빛나는 한국 근대 문학사의 대표적인 시인이다. 시집 《님의 침묵》은 유명하다. 오늘날 한국에서도 매우 존경받는 인물이다. 그의 호 만해를 기려 만해 문학상도 만들어졌다.

선언문을 쓰자 미리 인쇄하여 전국에 보냈다. 당초에는 고종의 장례식 날을 거사일로 정하였다. 그날 서울에 가장 많은 사람이 모일 것이라고 생각했기 때문이다. 그러나 그날은 경계가 삼엄할 것이라고 판단하여 3월 1일로 앞당겨 결행하게 되었다. 선언문에는 33인이 서명하였다. 천도교, 기독교, 불교계 사람들로, 민족 대표라 부른다. 최남선은 거기에는 들어가지 않았다. 33명 중에서 그날 모인 29인이 서울 인사동에 있는 요리집 명월관 지점 태화관에 모였다. 독립선언을 낭독하고 건배를 하고서 독립 만세를 외쳤다. 그리고 총독부에 전화를 걸어 우리는 여기에 있으며, 지금 독립을 선언했다고 통고했다. 거기에 헌병이 와서 전원 체포하였다. 선언문은 같은 시각에 파고다 공원에서 학생이 낭독하였다. 흥분 상태가 된 민중이 독립 만세를 외치고 학생들은 선언문을 내걸고서 데모의 선두에서 거리로 행진해 나갔다. 엄청난 민중의 행동으로 발전했다. 그게 3·1 독립 운동이다. 전국 방방곡곡에서 같은 시각에 그렇게 하기로 계획하였다. 탄압이 가해지고 충돌이 일어났다. 전국에서 단 하나의 선언이 일제히 낭독되었다. 그 선언이 사람들을 매료시켜 행동에 나서게 했다.

3·1 독립선언을 읽다

그렇다면 여기에서 3·1 독립선언서를 읽어보자.[1]

우리는 여기에 우리 조선이 독립국임과 조선인이 자유로운 인민임을 선언하노라. 이를 세계 만방에 알려 인류 평등의 큰 뜻을 천명하며, 이를 자손 만대에 일러, 민족 자존의 정당한 권리를 영원히 갖도록 하노라.

반만 년 역사의 권위에 의지하여 이를 선언하는 바이며, 2천만 민중의 충성을 모아 이를 선포해 명확히 하는 바이며, 민족의 한결같은 자유 발전을 위하여 이를 주장하며, 인류 양심의 발로로 말미암은 세계 개조의 큰 기운에 순응해 나가기 위하여 이를 제기하는 바이다. 이는 하늘의 명령이며, 시대의 대세이며, 온 인류가 더불어 같이 살아갈 권리의 정당한 발동이다. 하늘 아래 그 누구라도 이것을 막고 누르지 못할 것이라.

낡은 시대의 유물인 침략주의, 강권주의에 희생을 당하여, 역사 있은 지 수천 년만에 처음 다른 민족에게 억눌려 고통을 겪은 지 이제 십 년이 지났다. 우리가 생존권마저 빼앗긴 일이 무릇 얼마이며, 정신의 발전이 지장을 입은 일이 무릇 얼마이며, 민족의 존엄성과 영광이 손상된 일이 무릇 얼마이며, 신예新銳와 독창獨創으로 세계 문화의 큰 물

---

1) 이 선언서는 국한문 혼용체로 최남선이 썼으나, 여기에는 원본의 일역문을 현대문으로 옮김. 원본의 일역은 朴殷植 《《朝鮮獨立運動の血史》》 上, 平凡社, 1972에 수록된 강덕상이 한 것임.

결에 이바지할 기회를 잃은 일이 무릇 얼마인가!

아아, 예로부터의 억울함을 풀려면, 지금의 괴로움을 벗어나려면, 앞으로의 위협을 없애려면, 민족의 양심과 국가의 염치가 짓눌려 시든 것을 다시 살려 내려면, 사람마다 제 인격을 옳게 가꾸어나가려면, 가련한 아들 · 딸에게 부끄러운 유산을 물려주지 않으려면, 자자손손 영구 완전한 경복慶福을 맞이 하도록 하려면, 가장 시급한 일이 민족의 독립을 확실한 것으로 만드는 것이다. 오늘날 2천만 인민 각자가 사람마다 마음속의 칼날을 품고, 인류 공통의 성품과 시대의 양심이 정의의 군대가 되고 인도人道의 무기가 되어 우리를 지켜주고 있기에, 우리가 나서서 이를 얻고자 하면 그 어떤 강한 장애도 막을 수 없다. 한 걸음 물러서서 일을 이루려고 하는 데 어찌 우리 뜻이 달성되지 못한단 말인가?

병자수호조약(한일수호조약) 이후, 여러 종류의 금석 맹약을 유린했다고 해서, 일본의 신의 없음을 단죄하려는 것이 아니다. 일본의 학자는 강단에서, 일본의 정치가는 현실에서 우리 조종祖宗의 세업世業을 식민지로 대하고, 우리 문화 민족을 마치 야만인처럼 대우해 오로지 정복자의 쾌감을 탐할 뿐이다. 그러나 우리의 영구한 사회적 기초와 뛰어난 민족 심리를 무시한다 하여 일본의 옳지 못함을 책망하려 하는 것이 아니다. 자기를 채찍질하고 격려하기에 바쁜 우리는 다른 사람을 원망할 한가로운 위치에 있지 않다. 현재의 문제를 꼼꼼히 준비하기에 바쁜 우리에게는 과거를 책망해 물을 겨를이 없다. 오늘날 우리가 전념해야 할 일은 다만 자기의 건설에 있을 뿐, 결코 남을 파괴하

는 데 있지 아니하다. 엄숙한 양심의 명령에 따라 자국의 새로운 운명
을 개척하려고 하는 것이다. 결코 묵은 원한과 일시적 감정으로 남을
질시하고 배척하려는 것이 아니다. 낡은 사상과 낡은 세력에 얽매인
일본 위정자들의 공명심을 희생시키는 부자연스럽고 불합리한 착오
상태를 개선하고 바로잡아, 자연스럽고 합리적인 바른 길의 본 바탕
으로 되돌아가도록 하는 것이다.

처음부터 민족적 요구로부터 연원하지 않은 두 나라의 병합의 결
과가 마침내 고식적 위압과 차별적 불평등, 통계 수학數學의 허식 아
래서 이해가 상반되는 양 민족 사이에 영원히 화동和同할 수 없는 원
한의 구렁텅이가 깊어져온 오늘날의 현실을 보자. 용맹 · 과감하게
옛 잘못을 고치고, 참된 이해와 동정에 근거한 우호적인 새 시대를 열
어가는 것이 피차 화를 멀리하고 축복을 가져오는 지름길임을 분명히
알아야 한다.

또한 2천만의 울분을 안고 원한의 마음을 품고 있는 백성을 오로지
위력으로 구속하는 것은 동양의 영원한 평화를 보장할 수 없도록 한
다. 이에 따라 동양 안위安危의 주축인 4억 중국 인민이 일본에 대해
가질 의구심과 질시를 더욱 농후하게 하고, 그 결과로 동양 전체가 공
도 동망共倒同亡하는 비운을 초래할 것이 분명하다.

오늘날 우리가 조선 독립을 추구하는 것은 조선 사람에게 민족의
정당한 존영尊榮을 획득하도록 하는 것임과 동시에, 일본에게는 사악
한 길에서 벗어나 동양을 지탱해 나갈 나라로서의 중책을 맡도록 하
는 것이며, 중국에게는 꿈 속에서도 잊을 수 없는 불안과 공포에서 탈

출시키는 것이다. 또 세계의 평화와 인류의 행복을 달성하려면 동양의 평화가 중요한 일부를 이루고, 그리고 동양의 평화를 위해서는 조선의 독립이 필수적인 단계를 이룬다. 어찌하여 이것이 소소한 감정상의 문제란 말인가?

아아! 새 하늘과 새 땅이 눈 앞에 펼쳐지누나. 힘의 시대는 이미 갔고, 도의의 시대가 왔다. 지나간 세기를 통하여 연마되고 키워져온 인도적 정신은 바야흐로 새 문명의 서광을 인류의 역사 위에 던지기 시작했다. 새 봄이 온 누리에 찾아들어 만물의 소생을 재촉하누나. 얼음과 찬 눈 때문에 숨도 제대로 쉬지 못한 것이 저 한때의 시세였다면, 온화한 바람과 따뜻한 햇볕에 서로 통하는 낌새가 다시 움직이는 것이 이 한때의 시세다. 하늘과 땅에 새 기운이 되돌아오는 이 마당에, 세계의 변하는 물결을 탄 우리는 주저할 것도, 거리낄 것도 아무 것 없도다. 우리가 본디 타고난 자유권을 지켜 살아 있고 왕성한 삶의 즐거움을 마음껏 누릴 것이며, 우리가 넉넉히 지닌바 독창적 능력을 발휘하여 봄 기운이 가득한 큰 바다에서 민족의 정화精華를 결집해야 한다.

우리는 여기서 분기奮起했다. 양심이 우리와 함께 있다. 진리가 우리와 더불어 나아가고 있다. 남자, 여자, 어른, 아이 할 것 없이 암울한 옛 둥지에서 힘차게 떨쳐 나와 만민군중과 더불어 흔쾌한 부활을 성취하려고 한다. 천만세 조상들의 넋이 우리를 안에서 지키고, 전 세계의 기운이 우리를 밖에서 보호하고 있다. 일의 시작은 곧 성공이다. 다만 저 앞의 광명을 따라 매진할 따름이다.

공약 3장

하나. 오늘 우리들의 이 거사는 정의, 인도, 생존, 번영을 찾는 겨레
　　　의 요구이니, 오직 자유의 정신을 발휘할 것이고, 결코 배타
　　　적인 감정으로 치닫지 말라.

하나. 마지막 한 사람에 이르기까지, 마지막 한 순간에 다다를 때까
　　　지 민족의 정당한 의사를 시원스럽게 발표하라.

하나. 모든 행동은 먼저 질서를 존중하여, 우리들의 주장과 태도를
　　　어디까지나 공명정대하게 하라.

조선 건국 4252년 3월 1일

조선 민족 대표

손병희, 길선우……최린, 한용운, 홍병기, 홍기조 등 33인

이 선언에 대해 자주 명문이라고 한다. 그렇지만 단지 문장만 훌
륭한 게 아니라, 사상적으로도 대단히 깊은 내용을 가지고 있고 모
든 부분이 일본인을 향하여 한반도의 독립을 인정하도록 설득하
고 있다. 일본의 침략이 규탄받고 있다. 일본에 대한 환상은 거의 없
다. 그러나 일본이 독립을 인정하게 되면 일본은 책임 추궁을 당하
지 않을 것이라는 태도를 취하고 있다. 그리고 한반도의 독립은 일
본과 한민족 모두의 이익에 부합하고 동양 평화에 기여하게 될 것
이라고 말하고 있다. 일본에 대해 독립을 주장하고, 독립을 인정하
도록 권고하는 것은 일본이 사악한 길에서 벗어나 동양 평화를 지

키는 중대한 책임을 다하도록 하는 것이다. 만약 그대로 가면 중국 4억 인민이 일본에 대한 두려움과 의심을 더욱 키울 것이고, 중일이 싸울 날이 올 것이다. 그렇게 되면 동양 전체가 같이 망하게 될 것이라고 경고하고 있다. 새로운 시대, 새로운 조류라는 것이 반복적으로 강조되고 있지만 시대나 조류는 조건에 불과하다. 시대나 조류 때문에 그렇게 될 것이라고 말하는 것이 아니라, 기본적으로는 자신들의 힘이 중요하다고 강조하고 있다.

그리고 마지막 공약 3장은 대단히 명쾌하게 투쟁에 떨쳐 일어난 사람들에게 비폭력 행동을 하도록 촉구하고 있다. "마지막 한 사람까지, 마지막 순간까지 민족의 정당한 의사를 기꺼이 발표하라"고 하는 건 마지막 죽는 순간까지 행동하고, 목숨을 걸고서 행동하라는 것이다. 나는 이 선언의 사상을 '비폭력 혁명' 사상이라고 위치지우고 있다. 사실 이 말은 사건 직후에 평양의 선교사단이 발표한 고발장에 3 · 1 운동 조직자의 의도가 '비폭력 혁명'을 개시하는 것에 있었다는 한 구절을 보고서 차용한 것이다.

일본 당국의 억압과 지식인의 반응

이 선언, 이 운동에 대해서 일본 정부와 국민은 어떻게 반응하였을까? 이에 대해 살펴보자. 운동에 대해서 식민지 당국과 군대는 철저하게 탄압으로 대응했다. 이에 관한 명확한 통계 데이터는 없다.

하지만 박은식의 《조선 독립 운동 혈사》에 따르면, 전국에서 집회 1542건, 참가자수 202만 3098명, 살해당한 자 7509명, 부상자 1만 5961명, 체포당한 자 4만 6948명이었다. 이 탄압을 지휘한 건 하세가와 요시미치長谷川好道 총독이었다. 조선 주둔군 사령관은 우츠노미야 타로우宇都宮太郎였다. 우츠노미야 타로우는 우츠노미야 도쿠마宇都宮德馬[2] 중의원의 아버지다. 우츠노미야 타로우는 이 당시의 일기를 남겼는데, 그게 최근에 출판되었다. 그는 병합 방식, 그 뒤의 무단 통치를 비판해왔지만 3·1 운동에는 탄압을 가할 수밖에 없었다. 일본 군경의 탄압으로는 류관순이라는 젊은 여성에 대한 탄압, 그리고 수원의 제암리 교회에서의 학살이 알려져 있다. 제암리 학살은 교회에 모여 있던 사람들을 교회와 함께 불태워 죽인 사건이다.

그렇다면 일본의 지식인들은 3·1 운동에 어떤 반응을 보였을까? 3·1 운동에 가장 날카롭게 반응했던 이가 미야자키 토우텐宮崎滔天[3]이었다. 당시 그는 《상하이 일일신문》에 필명으로 〈토쿄로부터〉라는 칼럼을 쓰고 있었다. 3월 5일자 칼럼에서 다음과 같이 쓰고 있다.

---

2) 1970~80년대 평화·군축 운동에 앞장섰으며, 김대중 전 대통령 납치 사건 때는 구명 운동에 앞장서기도 함.

3) 메이지-타이쇼기 저술가, 혁명가로서 일본에서 쑨원 등의 신해혁명을 지원함. 유럽의 침략을 받은 아시아를 구하기 위해서는 아시아 문명의 중심인 중국의 독립과 중국 민중의 자유가 선결되어야 하고, 그것이 세계 평화로 이어질 것이라는 신념을 갖고 있음.

"누차에 걸친 재경(토쿄) 조선 유학생의 행동이 단순하게 그들의 활동에 그치지 않고 조국의 동포와 연계된 것은 이번에 이 태왕(고종) 장례에 즈음하여 전국에서 봉기함으로써 명백해졌다. 조선이 그와 같고, 중국이 이와 같고, 그리고 시베리아 다나카田中 지대支隊의 전멸과 같이 모든 불상사가 터지고 있다."

일본은 이 당시 시베리아에 군대를 보내 전쟁을 하고 있었다. 다나카 지대의 전멸은 한 해 전인 1918년 말에 일어났다. 토우텐은 그것을 이야기하고 있는 것이다.

"이제 우리나라에 하나의 우방도 없다. 이로써 세계에 서는 건 불가능한 일이다. 죄를 군벌에게만 귀속시키지 말라. 모두 우리 국민의 어리석음에 기인한 죄다. 국민이 지금 자각하지 않으면 망국만이 있을 뿐이다."

그리고 3월 8일에는 한반도 전국을 뒤흔든 이 "커다란 시위 운동이 23개 지역에서 경찰·헌병과 충돌한" 이외에 "봉기적 폭동이 아니라 대단히 질서정연하고 엄숙히 전개된 것은 주목할만한 일"이라고 쓰고 있다. 처음부터 비폭력 행동을 요구한 공약 3장이 지켜지고 있었다.

토우텐은 남녀 학생이 선두에 서고 있다는 점은 '병합자인 일본'이 크게 주목해야 할 점이라고 지적하고 있다. 그는 천도교가 중심에 서 있는 것도 알고 있었다. 그리고 10여 년 전에 천도교 교주 손병희와 만났을 때를 떠올렸다. 천도교의 교의에 관해 질문하자 손병희는 다음과 같이 답했다. "인간이 태어났을 때 세계는 있었지만 국가는 없었다. 이게 천도天道다. 우리는 자연 그대로를 천도라고 본다. 이게 우리 천도교의 진수다." 손병희는 중국 혁명 운동의 지도자 쑨원孫文에 관해 묻자 그의 주의는 "크게 내 뜻과 같으며" 같은 성姓이라 더 "반갑다"고 말했던 것도 기록하고 있다. 토우텐은 쑨원을 존경했듯이, 명백하게 손병희에 대한 경의를 감추지 않는다. 이것은 당시 일본인으로서는 예외적인 태도였다.

다음은 토쿄대학 신인회新人會의 아카마츠 카츠마로赤松克麿[4]다. 이 사람은 뒤에 맑스주의자가 되었다. 토쿄대 신인회에서 간행하는 《데모크라시》 제2호(4월 1일 발행)에 아카마츠는 〈조선 청년들에게 드림〉이란 글을 발표하였다.

"내가 경의하는 조선의 벗들이여. 우리는 지금 여기에서 글로써 자국의 행위를 변호하지 않겠다. 우리의 엄한 양심은 우리로 하여금 그걸 허락하지 않는다." "한 나라가 자국의 이익을 위해 타국의 의지에 반하여 이를 지배하려는 것은 결단코 불가하다." "우리들은 우리 정부가 당신들에게 가하고 있는 행위를 충심으로 치욕스럽게 여기고 증오한다."

이것은 훌륭한 의견이었다. 이 부분 때문에 《데모크라시》이 호는 발매 금지되었다. 그러나 아카마츠는 계속해서 일본은 국가적

---

4) 타이쇼-쇼와기 사회 운동가로 요시노 사쿠조의 제자. 토쿄제국대학 시절에는 신인회를 만들어 활동했고, 그후 일본노동총동맹과 공산당에 참여하는 등 좌익적 활동을 전개했음. 그러나 1922년 투옥 후 전향해 사회민주주의 노선으로 나아갔다가, 1930년 경에 국가사회주의 노선을 걷게 됨.

생존 경쟁 속에서 청일전쟁과 러일전쟁을 치렀다고 긍정적으로 쓰고 있다. "동포의 존귀한 피를 흘려 얻은 랴오둥이 영국, 프랑스, 러시아의 손에 약탈당했을 때 우리들은 아직 어머니의 품에 있었다"고 국권주의적인 감정을 표명하고 있다. 랴오둥 반도의 획득과 동시에 일본이 추구했던 게 한반도 지배였기 때문에 아카마츠가 서술한 건 모순적이다. 결국 아카마츠의 신인회는 한반도의 독립을 지지한다고 표명하지는 않았다.

당시 신인회 고문이던 토쿄제국대학 법학부 교수 요시노 사쿠조吉野作造[5]는 어떠한 태도를 취했을까? 그는《추오코론中央公論》4월호에 〈대외적 양심의 발휘〉라는 논문을 발표하였다. "조선의 폭동"에 접하여 "국민의 어떤 부분도 '자기 반성'이 없다", 그리고 문제가 "통치의 실패"에 있는 건 명확하지 않는가라고 비판하고 있다. 요시노는 두 가지를 지적한다. "첫째는 일본의 조선 통치가 조선 사람의 심리에 사실상 어떠한 영향을 주었는가를 연구하지 않고 문제를 해결할 수 없다는 것이다." 둘째는 "폭동의 원인이 제3자의 선동에 있다고 생각해도 역시 우리는 도저히 근본적인 해결에 도달할 수 없다"는 것이다.

요시노 사쿠조의 이 정도의 의견은 보기 드문 게 아니었다.《토쿄아사히신문》은 4월 5일에 사설 〈식민지 통치의 혁신〉을 게재하였

---

5) 타이쇼 연간을 중심으로 활약한 정치학자이자 사상가. 토쿄제국대학 교수 시절 타이쇼 데모크라시의 사상적 르네상스를 주도함. 그의 사상은 《〈추오코론〉》을 중심으로 설파되었는데, 그 핵심 내용은 민본주의民本主義였음.

다. 현재의 식민지 통치 제도는 좋지 않다고 생각하여 자신들은 혁신을 주장해왔다. 이번의 "조선 소요 사태 발발 이래로 이 혁신을 열망하는 마음이 한층 더 절실하게 되었다." "총독 군인제", "무단 전제"는 좋지 않다. 이것을 고쳐야만 한다. 조선인은 문치文治에 길들여진 국민이다. 아사히신문이 주장하는 한반도 통치의 혁신안은 무단 정치의 폐지, 곧 총독 군인제와 헌병 경찰제를 폐지하고서 통상적인 경찰관을 배치하고 식민지 의회를 두는 것을 고려해야 한다는 것에 불과하다.

그리고 4월 16일자 사설 〈조선 통치 — 진압 뒤의 방침〉에서는 무력 탄압이 부득이했고, 게다가 군인 총독제를 폐지해야 한다던 입장을 번복하고 있다. 그리고 한반도를 진짜 의미에서 동화시켜가기 위해서는 국민의 태도를 바꿔야만 하며 조선인을 소외시켜서는 안된다고 서술하고 있다. 그리고 불교는 한반도에서 온 것이기 때문에 불교를 사용하여 한반도를 교화하는 것을 생각해야 한다고 제안하고 있다.

다음은 유명한 야나기 무네요시柳宗悅[6]의 반응이다. 야나기의 글 〈조선인을 생각한다〉는 《요미우리신문》에 5월 20일부터 24일에 걸쳐 게재되었다. 야나기는 이렇게 쓰기 시작하였다.

"나는 이번에 벌어진 일에 관하여 적지 않게 마음이 쓰인다. 특히

---

6) 민예 운동으로 대표되는 사상가, 미학자, 종교철학자임. 1919년 3월 1일에 발생한 3·1 독립선언을 둘러싸고, 조선총독부의 탄압에 비판적인 입장을 취함. 당시 한국 문화에 관심을 가져, 도자기와 고미술품을 수집했고, 1924년에 서울에 조선민족미술관을 설립했음.

일본의 식자가 어떠한 태도로 어떠한 생각을 논하고 있는지를 주의 깊게 지켜보고 있다. 그러나 그 결과 조선에 대하여 경험과 지식이 있는 사람들의 사상이 어떠한 현명함이나 깊이, 그리고 따뜻함도 없음을 알고서 나는 조선인을 위해 여러 차례 눈물을 흘렸다."

야나기는 조선인에 대해서 '사랑'을 주어야 한다고 주장한다. 야나기는 조선인의 반항이 동정을 받을만한 가치가 있다고도 서술하였다. "독립이 그들의 이상이 되는 건 필연적인 결과일 것이다. 그들이 일본을 사랑할 수 없는 것이야말로 자연스러운 것이고, 존경을 받는 것이야말로 예외적이다"라고 단언하고 있다. 이것은 사태를 잘 파악한 것이라고 해야 할 것이다. 그러나 긍정적으로 보더라도 야나기는 동화 정책을 부정하고 조선의 문화를 존중해야 한다고 주장하는 것에 머무른다. "식민지의 평화는 정책이 낳는 것이 아니다. 사랑이 서로에 대한 이해를 낳는다." 이게 야나기의 결론이다. 이것으로 조선인의 기대에 부응할 수 없는 건 당연하다.

이색적이었던 건 《토우요우케이자이신보東洋經濟新報》였다. 이 잡지는 5월 15일자 사설 〈선인 폭동에 대한 이해〉를 게재하였다. "무릇 어떤 민족이라 하더라도 다른 민족의 속국이 되는 것을 유쾌하게 받아들이는 경우는 예로부터 거의 없다(인도, 이집트, 아일랜드를 보라). 조선인도 하나의 민족이다.……오랫동안 그들은 독립된 역사를 갖고 있다. 충심으로 일본의 속국이 되는 걸 기뻐하는 조선인은 아무도 없을 것이다. 때문에 조선인은 결국 독립을 회복할 때까지 우리 통치에 대하여 계속 반항하는 것은 물론이요,……조선인의 지식이 발달하고 자각이 증진함에 따라 반대 공세가 점점 강렬해질 것이 분명하다." "무용한 희생을 피할 길이 있다면 필경 조선인을 자치 민족으로 만들어주는 것밖에 없다." 조선인은 독립을 요구하고 있다. 독립시켜주어야 함을 확실하게 주장하고 있다. 이것은 이시바시 탄잔石橋湛山[7]의 의견이었다.

6월 24일에 레이메이카이黎明會라는 단체가 〈조선 문제 토론회〉를 주최하였다. 토쿄의 일본 청년 회관에 2000명이 모인 상당한 규모의 집회였다. 요시노 사쿠조가 맨처음 연설을 하였다.

"이번 소동에서는 일본 쪽에서도 유감스럽게 이른바 야만성을 발휘한 일이 여러 차례 있다." "그러나 오늘날 이러한 일들은 이미 과거의 일이기 때문에 깊게 추궁하지는 않겠다." 문제는 장래의 일이다. 요시노는 탄광 재해 때처럼 조선인이나 중국인 광부라면서 갱구를 틀어막아버리는 짓은 그만두어야 한다고 말하였다. "진짜 마음으로부터 평등하게 생각하여 행동하지 않으면 어떻게 해도 식민지 통치에 성공할 수 없다." 그렇게 말한 요시노는 4개조의 개혁안을 내놓는다. 첫째, 차별 대우를 철폐하라. 둘째, 무인 정치를 중단하라. 셋째, 동화 정책을 포기하라. 넷째, 언론의 자유를 부여하라. "조선 문제는 인도적인 문제다. 어떤 의미에서는 일본 국민이 대륙

---

7) 전전과 전후의 언론인, 정치가로서 전후에 대장대신, 통상산업대신, 총리대신 등을 역임했음. 전전에 《토우요우케이자이신보》를 중심으로 언론 활동을 하여 타이쇼 데모크라시 사상 조류의 한 축을 주도함. 그의 사상 조류는 흔히 '소일본주의'로 알려지고 있는데, 조선 등 식민지 지배의 포기 등을 중심 내용으로 함.

발전의 능력이 있는지 여부를 시험하는 문제이기도 하다. 우리들은 이 문제에 어떻게든 낙제해서는 안 된다." 최고 지성의 발언이 이 정도였다.

그렇다면 우익은 어쨌는가? 우치다 료헤이內田良平[8]는 겐요샤玄洋社 출신으로 러일전쟁 전에 코쿠류카이黑龍會를 창설한 사람이다. 이 사람은 〈조선 폭동에 관한 소견[愚見]〉이란 의견서를 하라 타카시原敬 수상에게 제출하였다. 그는 조선인의 이번 폭동이 "조선병합 뒤의 형편이 매우 합당하지 않았고", 일본에 협력하여 병합을 위해 움직인 친일 분자에 대해서 보상하지 않았기 때문에 이런 결과를 초래했다고 서술하고 있다.

"앞으로 조선 통치책을 결정하는 데 있어서 그들 가운데 스스로 급진 과격한 사상을 품은 자와 점진 온건한 생각을 갖고 있는 자 두 종류가 있음을 알아야 한다. 그리하여……점진주의를 품은 자를 비호, 조종함으로써 급진주의자를 억제하는 수단으로 삼아야 한다. 그리고 그 통치의 대방침은 조만간 그들에게 자치를 허용하는 것이다."

우익 인사라도 이 정도는 확실하게 이야기하고 있다. 그렇다면 정부는 어떠했을까? 하라 타카시 수상은 〈조선 통치 사견私見〉이라는 글을 남기고 있다. 그 글에서 조선 통치에 타이완의 통치 방식을 사용한 것은 "근본적으로 잘못된 것"이었다고 단언하고 있다. "조선

---

8) 전전의 정치 활동가로서 국가주의자이자 우익적 아시아주의자. 코쿠류카이의 주간이었고 대일본생산당 총재를 역임함.

을 통치하는 원칙으로 완전히 내지內地 인민을 통치하는 것과 똑같
은 주의, 똑같은 방침을 따른다는 것을 근본 정책으로 정해야 한다."
요컨대 "조선을 내지에 동화시킨다"는 것이었다. 자치에 관해서 하
라는 지방 자치라면 가능하나, 구미가 새 영토에서 시행한 것과 같
은 자치는 허용할 수 없다고 했다.

　하라가 실현한 것은 군인 총독제의 폐지였다. 새 총독에는 해군
대장 사이토 마고토齋藤實가 임명되었다. 사이토는 "일시동인一視同
仁9)으로 짐이 신민으로써 추호의 차이를 두지 않겠"다는 타이쇼大正
천황의 조서를 받았다. 9월 2일에 사이토 일행이 서울에 도착해 남
대문역10)에서 마차를 탔는데, 강우규姜宇圭라는 기독교도 노인이 폭
탄을 투척하였다. 폭탄은 사이토의 마차와 정무총감 미즈노 렌타로
水野鍊太郎의 마차 사이에서 폭발하여 신문 기자 두 명이 즉사하였다.
이에 대해 9월 13일자《상하이 일일신문》에 미야자키 토우텐은 이
렇게 쓰고 있다.

　"조선의 폭탄 사건은 매우 뜻밖의 일이다.……뜻밖이라 해도 너
무 바람직하지 않은 결과다.……폭탄 사건은 고식적인 개선이 백해
무익한 일임을 입증하는 산 교훈이다. 무언가 한 걸음 더 나아가려
한다면 문관을 임명할 수밖에 없다." 토우텐은 여기에서 글을 멈추
지 않는다. "나아가 문관 총독을 임명하면 그걸로 조선은 무사히 통

---

9) 신분이나 국적에 상관 없이 모든 사람에게 평등하게 인애仁愛를 배품.

10) 지금의 서울역.

치될까? 폭탄 사건이 일어나지 않을지 커다란 의문이다. 그들이 요구하는 건 독립이고, 자치에 있다. 적어도 확실한 자치의 희망을 갖는 것이다.……즉 철저한 대책은 달리 없다. 완전한 독립 자치를 허락하여 연맹국으로 만들어주는 것이다." 이것은 고립된 의견이었다. 요컨대 3·1 독립 운동은 그 선언을 품고서 민족의 총력을 기울여 일본을 설득하려 했던 운동이었다. 조선의 독립을 인정하라. 조선의 독립을 인정할 때 비로소 일본인도 확고히 살아날 수 있다. 그리고 동양 평화를 유지할 책임도 다해야 한다. 그것이 호소였다. 그러나 일본인은 그것을 받아들이지 않았다. 그 소리에 귀 기울이지 않았다. 미야자키 토우텐 등의 고립된 주장만이 희미하게 나올 뿐이었다. 3·1 독립선언을 일본인이 거절했다는 것이 결정적인 사실로 남아 있다.

전달되지 않은 독립선언

그렇다면 3·1 독립선언이 당시 일본인들에게 전해졌는지 여부가 문제가 된다. 그에 대해 조사해보면 완전한 보도 통제가 이루어져 3·1 독립선언은 일본에서 전혀 알려지지 않았음을 알 수 있다. 어느 신문도 조선인이 독립 만세를 외쳤다고 하는 것 이외에 아무것도 전하지 않았다.

1921년이 되자 호소이 하지메細井肇의《선만鮮滿의 경영》, 아오야

기 츠나타로靑柳綱太郎의 《조선 독립 소요사론朝鮮独立騒擾史論》이라는
두 권의 책이 나왔다. 두 사람 다 총독부 계열의 사람으로 조선의 통
치에 관해서 잘 알고 있었고, 3·1 독립 운동에 대해서 논하고 있지
만 독립선언의 내용에 대해서는 전혀 언급하고 있지 않다. 아오야
기는 〈손병희 일파의 독립선언 사건 공판 방청기〉를 부록으로 붙였
으나, 선언문 자체를 인용하고 있지는 않다.

요시노 사쿠조는 조선을 잘 이해하고 있는 사람이었기 때문에 그
의 주변에는 많은 조선인 유학생이 모여들었다. 그 중 한 사람이 김
우영金雨英이었는데, 그는 3·1 사건의 변호사가 되었다. 따라서 틀
림없이 요시노에게는 비밀리에 독립선언문이 전달되었을 것으로
나는 생각한다. 그러나 요시노는 3·1 독립선언문의 내용이 이렇
고 저렇다고 한 번도 쓴 적이 없다. 일절 다루지 않은 것이다. 이것
은 대단히 수수께끼다. 요시노가 몰랐을 리 없다고 생각한다. 알고
있었지만, 요시노 사쿠조가 3·1 독립선언문 내용을 감추었다면
이것은 큰 문제다.

1926년이 되자 샤쿠오 토호우釋尾東邦의 《조선병합사》가 나왔다.
이 사람은 리버럴이라는 설도 있지만, 나는 그렇게 생각하지 않는
다. 이 사람은 3·1 독립 사건에 대해 이렇게 쓰고 있다.

"당시 독립 소요단이 발표한 선언문……은 진실로 과대망상증의
광기 같은 것으로 거의 웃음거리로 치부될 수 있고, 특히 일본을 허
위 중상모략하여 극언하는 것은 참고 듣기 어렵다. 진정 독립을 원
하고, 참된 민족 운동을 추구하는 문장으로서 지나치게 진지함이

없고 일독一讀할 가치조차 없다. 그리고 이 독립 운동이란 것이 지식 인격의 정도와, 동시에 조선인의 성격 및 심리 상태를 충분히 보여주는 자료라 할 수 있기 때문에 아래에 게재한다"고 쓰고 있다. 이 사람이 독립선언서를 진짜로 읽고 이렇게 말했는지는 모르겠지만, 게재하려고 한 건 사실이다. 그러나 검열 당국은 독립선언문의 인쇄를 불허했다. 샤쿠오의 책은 앞의 인용 끝 부분에 한 행에 걸쳐 이렇게 쓰고 있다. "이들 문서는 인쇄 뒤에 당국의 주의를 받아 수십 쪽이 전부 삭제되었다. 독자들이 양해해주기 바란다."

내가 조사한 바로는, 비록 내부 자료이긴 했으나 3 · 1 독립선언 전문을 일반인이 최초로 볼 수 있게 된 것은 1941년 11월에 나온《자작 사이토 마고토전子爵斎藤実伝》제2권이었다. 거기에 전문이 수록되어 있다. 태평양전쟁 개시 직전이었고 한정 출판되었기 때문에, 당시 이것에 주목한 사람은 없었을 것이다. 따라서 전쟁이 끝날 때까지, 즉 한반도에 대한 식민지 지배가 끝날 때까지 일본인은 3 · 1 독립선언에 어떤 내용이 씌어 있는지 전혀 알지 못했다고 말할 수 있다.

독립선언이 어느 정도 넓게 읽혀진 것은 전후 1948년의 일이었다. 역사가 이시모다 쇼우石母田正가《레키시효우론歴史評論》6월호에 〈견고한 얼음을 깨는 것 ─ 조선 독립 운동 만세 사건 이야기〉라는 글을 썼다. 나는 이것이 전후 이 시기에 일본인이 한반도 문제에 관해 쓴 가장 좋은 글이라고 생각한다. 이 사람은 일본공산당원으로 일본 중세 역사가였는데, 1948년 3 · 1 운동 기념일 뒤에 조선인 친구로부터 처음 이 운동에 대한 이야기를 들었다. 그는 3 · 1 독립 운

동이 일본 근대사를 가르칠 때 중요한 재료라고 생각해 들은 바를 잘 정리했다고 한다. 이 글은 그의 저서《역사와 민족의 발견歷史と民族の発見》(東京大學出版會, 1953)에 수록되어 있다.

"우리들이 과거에 범한 일체의 잘못된 폐해는 이 조선 민족의 억압과 뗄 수 없이 깊은 관련을 맺고 있다. 뿐만 아니라 전쟁 중에는 비유할 수 없을 만큼 민족적 의식이 강하다고 생각하면서도, 한 번 패배하고 나서는 그것이 완전히 노예와 걸식 근성으로 전환되는 특징적인 변화에서 잘 확인되는 특수한 '민족 의식' 구조가 확인된다. 그것도 메이지 이래 다른 민족의 억압과 관련이 깊다. 민중의 마음까지 깊게 잠식하고 있는 이 퇴폐의 유산을 극복하는 데 있어서 일본으로부터 한반도가 해방된 것은 단초에 불과하다."

이러한 논평과 더불어 이시모다는 이 글의 부록에 3·1 독립선언 전문을 발표했다. 이것이 일본에서 최초의 발표였다. 최초로 자료집에 실린 것은 강덕상이 편집한《조선》(みすず書房, 1966)이었고, 일반인을 겨냥한 책으로 최초로 출판한 것은 야마베 겐타로山辺健太郎의 이와나미 신서《일본 통치 아래의 조선》(1971)과 강덕상이 번역한 박은식의《조선 독립 운동 혈사》(1972)였다.

조선인이 목숨을 걸만큼 대단한 결의로 일본인을 설득하려고 발표했던 선언이 일본 국가에 의해 철저하게 거절당하고 비밀에 부쳐져서 일본인에게는 전달조차 되지 못했다. 선언이 전해진 것은 한반도 식민지 지배가 끝난 전후戰後였고, 널리 알려지게 된 것은 대략 1970년대 초반이었다.

기초자들의 이후 삶

마지막으로 3 · 1 독립선언을 쓴 사람들은 어떻게 되었는지 살펴
보도록 하자. 3 · 1 독립선언을 쓴 민족 대표의 운명은 대단히 어려
웠다. 33인 가운데 이른바 친일파가 되었던 사람은 4명이었다고 알
려졌지만, 최근의 한국 정부 위원회의 조사에 의하면 최린 등 2명이
었다. 3 · 1 선언의 기초자인 최남선은 33인 서명자에는 들어 있지
않지만, 최대의 친일파가 되었다. 그 밖에 토쿄의 2 · 8 선언을 쓴 이
광수도 최대의 친일파가 된 사실은 잘 알려져 있다. 민족의 역사에
서 중대한 선언문을 기초한 두 사람, 그리고 한국 근대 문학의 아버
지로 일컬어지는 두 사람이 민족의 배신자, 친일파가 되었다는 사
실은 한민족에게 커다란 불행이자 상처가 되었다.

이광수라는 사람은 상당히 유명한 사람이지만, 그는 1938년부
터 친일 활동을 했고 창씨개명하여 가야마 미쓰로香山光郎라는 이름
을 썼다. 그가 해방 뒤 한국 정부의 반민특위(반민족 행위 특별 조사 위
원회, 1948~1949)에서 진술한 바에 따르면, 조선인의 차별을 없애고
일본인과 똑같이 대우받도록 하려고 생각해 친일파가 되었다고 말
하였다.

최남선은 1922년에 감옥에서 나온 뒤에 동명사東明社를 설립했
고, 1924년에는《시대일보》라는 신문을 창간했다. 1927년에는 총
독부의 조선사 편수 위원회의 일원이 되었다. 1938년에《만주일
보》고문이 되었고, 최종적으로는 1939년에 만주 건국대학교 교수

가 되었다. 1943년에는 토쿄에 가서 조선인 학생이 학도병으로 전쟁에 가도록 촉구하는 연설을 여러 차례 하였다. 메이지대학에서 그의 연설을 들었다고 하는 사람의 이야기를 들은 적이 있다.

또 한 사람, 천도교의 중심 인물이었던 최린도 친일파의 거두가 되었다. 1927년에 구미 방문을 한 뒤에 사상을 바꿔 1934년에는 중추원(총독부의 자문 기관) 참의가 되고《매일신보》사장을 거쳐 임전보국단臨戰保國團 단장이 되고, 최후까지 총독부에 협력하였다.

왜 그들이 그렇게 변했을까? 이광수의 변명이 하나의 답이 될지 모르겠다. 또 일본 당국의 압력 때문이라는 견해도 있다. 조선군 사령관을 지낸 우츠노미야 타로우宇都宮太郎는 천도교에 주목하여 '합동제휴 공존공영'의 이념을 내걸고 설득해야 한다고 주장했다(미야모토 마사아키宮本正明, 〈우츠노미야 타로우와 조선 지배〉,《근대 일본 속의 '한국병합'》, 東京堂出版, 2010). 최남선과 최린은 3·1 독립선언 사건 뒤에 3년 형을 받고 감옥을 살았다. 그때 총독부가 그들을 가망이 있는 사람들로 판정해 형기 만료 전에 일찍 출소시켰다. 사이토 마고토의 정치 참모였던 아베 미츠이에阿部充家가 일본 유학파 지식인인 그들을 일본에 협력하도록 만드는 게 필요하다고 보았다(임종국,《친일파》, 1992). 그렇다고 해도 일본 당국의 설득 권유에 쉽게 편승해 변절할리 없는 사람들이었을 것이다.

나는 이렇게 생각한다. 최남선은 일본을 설득하는 도박에 자신을 걸었던 사람이다. 일본인을 설득하자, 권력자·지배자를 설득하자. 자신들에 대해서 절대적인 권력을 갖고 있는 사람들을 설득하여 자신들이 바라는 방향으로 나아가게 한다. 이 경우에 당연히 상대방도 똑같은 인간이고, 권력자도 똑같은 인간이라는 입장에 서야만 한다. 거기서 대단히 위험한 길로 들어선다. 권력자와 자신, 억압자와 자신은 전혀 다른 인간이다, 그 사이에 공통된 것은 아무것도 없다고 생각하면, 권력자와 억압자가 거꾸로 설득하거나 권유해도 거절할 수 있다. 그러나 똑같은 사람이다, 대화하면 통한다는 전제에서 접근하는 경우에는 상대방의 권유나 설득에 귀 기울이지 않을 수 없다. 그리하여 조금씩 말려들어가는 상황이 발생하였을 것이다. 따라서 일본을 설득하려는 생각이 너무 강했던 나머지, 최남선은 그것이 실패한 뒤에도 일본과 결별하지 못하고서 일본의 설득과 권유에 따르게 되었는지 모른다.

여기에서 러시아혁명의 에피소드가 떠오른다. 1881년에 혁명적 나로드니키의 테러리스트가 황제 알렉산드르 2세를 암살한다. 암살한 사람들은 즉위한 새 황제 알렉산드르 3세에게 편지를 보낸다. 이걸 쓴 사람은 티호미로프L. A. Tikhomirov[11]였다. 편지는 알렉산드르 3세, 즉 자신들이 죽인 황제의 아들을 설득하기 위한 것이었다. 지금까지 황제의 전제 정치는 틀렸다. 당신 아버지가 했던 것은 틀렸다. 따라서 되돌려라. 통치 방식을 고쳐라. 헌법을 제정하라. 정치적 자유를 부여하고, 의회를 개설하라. 그렇게 한다면 우리들은 테

---

11) 19세기말~20세기초 러시아의 혁명가로 나로드나야 볼랴Narodnaya Volya의 집행위원회 멤버였음. 그러나 그는 폭력 혁명론에 대해 염증을 느껴 러시아의 보수주의의 일익으로 전향했으며, 군주제, 러시아 정교회, 러시아 정치철학에 대해 저작을 남겼음.

러를 멈출 것이다. 이렇게 설득하였다. 3 · 1 독립선언과는 상당히 다르지만 설득이라는 점에서는 다르지 않다. 하지만 러시아 황제가 이 편지에 대해서 반응했다는 자료는 어디에도 찾을 수 없다. 설득은 무의미했다. 그런데 이 티호미로프가 망명했다가 1880년대 후반에 180도 전향해 군주주의자가 되었다. 러시아와 같은 후진국에는 황제의 전제 권력이 필요하다는 것이다.

설득은 어떤 의미에서 어렵고 위험을 수반한다. 1919년에 한민족이 일본인을 설득하려고 했을 때, 일본인 그 누구도 귀를 기울이지 않았고 한민족의 설득은 실패로 끝났다. 그때 설득에 앞장섰던 사람 중에서, 일본에 접근해 활로를 발견하려고 했던 이들이 일본의 협력자가 되어버렸다. 따라서 당연한 것이지만, 설득은 소용도 없고 효험도 없다. 정면에서 힘으로 싸워야 한다고 주장하는 사람이 나오는 것도 또한 필연적이었다.

그렇다고 해서 3 · 1 독립선언으로 한민족이 일본인을 설득하려고 했다는 사실이 갖는 역사적 의의는 영원히 없어지지 않을 것이다. 또한 비폭력 저항의 입장을 내세운 불교도 시인 한용운의 공헌도 잊어서는 안 된다. 한용운은 그 입장으로 생애를 마감했다.

부기 NHK에서 병합 100년을 즈음한 스페셜 프로그램《일본과 한반도》의 제2부 〈3 · 1 독립운동과 친일파〉가 2010년 5월 16일에 방영되었다. 최남선, 이광수가 친일파가 되는 과정에 초점을 맞춘 것은 새로웠다. 그러나 3 · 1 독립선언문은 "우리들은 여기에 우리 조선국이

독립국이며, 조선인이 자유민임을 선언하노라"라는 첫 구절과 "우리
자족의 독창력을 발휘하여 봄 가득한 대해에 민족의 정화를 결집하노
라"는 마지막 구절만 소개하고 있어 유감스러웠다.

3장_ 관련 연표

3

김일성의 만주 항일 전쟁

— 무기에 의한 비판

3·1운동은 비폭력 운동을 지향했지만, 일본이 한민족의 설득에 귀 기울이지 않고 격렬하게 탄압했기 때문에 이제는 무기로 비판해야 한다, 무장 투쟁이어야만 한다는 생각이 생겼다. 그러한 운동으로 대한민국 임시정부의 흐름 속에서 김구 등이 충칭重慶에서 조직한 광복군과, 중국공산당에 입당한 무정武亭이 옌안延安에서 만든 조선 의용군이 있었다. 그러나 뭐니 뭐니 해도 김일성의 만주 항일 전쟁이 가장 많이 알려진 무장 투쟁이다.

김일성은 누구인가

김일성의 만주 항일 전쟁이 가장 잘 알려지게 된 것은 주지하듯이 조선민주주의인민공화국의 건국 신화가 되었기 때문이다. 어느 시기까지 북한에서는 새로운 김일성전金日成傳이 나올 때마다 미화

美化와 정화淨化의 수준이 높아져, 이른바 신성화되는 경향이 있었다. 나는 1980년대 초부터 북한 연구를 시작해 소련 점령 아래의 북한의 개혁에 관하여 논문을 썼고 더욱 연구를 심화하려고 했다. 그러나 그렇게 하려면 어떻게든 김일성 문제, 만주 항일 전쟁 문제를 다루지 않고서는 확실하게 말할 수 없다고 느끼게 되었다. 그래서 해방 이후의 역사를 연구하기 전에 만주 항일 전쟁을 연구하기로 마음먹었다. 북한의 설명이 너무 신화적이 되어가서, 그 설명만으로는 일본의 식민지 지배를 반성하는 입장에서 일본과 한반도의 관계를 재인식하는 것이 어려웠기 때문이다.

다른 한편으로 한국에서는 김일성 가짜 설이 횡행하고 있었다. 만주에서 활동하던 김일성이라는 사람은 여러 사람이 있었다. 유명한 김일성이란 장군은 이미 죽었다. 평양에 돌아온 김일성이 그 죽은 영웅의 이름을 잠칭한 경력도 없는 젊은 놈이라는 주장이다. 대표적인 연구는 이명영李命英의 《4인의 김일성》(成甲書房, 1976)이다. 이명영은 진짜 "김일성은 대단한 사람이었다. 나이도 훨씬 많고 모스크바에서 공부한 대단히 뛰어난 인물이었다"고 쓰고 있다. 그리고 조총련을 이탈한 허동찬許東燦도 같은 취지의 책을 두 권이나 썼다.

사실 그러한 주장을 제기할 수 있는 현실적인 근거가 있었다. 1945년 10월 14일 평양에서 커다란 집회가 있었는데, 거기서 김일성이 인사를 했다. 많은 사람이 김일성 장군은 백발 노인일 것이라고 생각하고 있던 상황에서, 마치 형 같은 아주 젊은 사람이 나타났기 때문에 과연 이 사람이 진짜일까 하는 의문이 생겨났던 것이다.

1945년 김일성(중앙). 소련군 정보 장교 메클레르
(우), 미하일 강(좌)과 함께.

사실 사진을 봐도 그렇다. 앞에 실린 사진은 소련 군인 메클레르가 가지고 있던 것을 카피한 것이다. 김일성, 소련군 정보 장교 메클레르, 그리고 미하일 강姜이 찍혀 있다. 김일성은 대단히 젊게 보인다. 나이가 33세였지만 20대로밖에 보이지 않는다.

한쪽에서는 신화적인 설명, 다른 한쪽에서는 가짜 설이 지배하는 상황이었다. 그래서 어떻게 해서라도 정확한 자료에 기초한 연구가 필요했다. 그렇게 해서 쓴 논문이 〈김일성과 만주 항일 무장 투쟁〉(《사상》, 1985년 7, 9월 호)이었다. 내가 의거했던 건 1978년의 개혁 개방 이후의 중국에서 조선족 역사가들이 추진한 만주 항일 투쟁 연구다. 그 새로운 연구를 흡수해서 일본의 관헌 자료와 북한의 자료를 결합하여 논문을 쓴 것이다. 북한의 서술은 신화적이었지만, 김일성은 진짜이고 중요한 게릴라 지도자였다는 결론을 내렸다.

당시 중국의 대표적인 업적은 《동북항일연군 제2군》(黑龍江人民出版社, 1986)인데, 이 책을 보면 김일성이란 이름은 한 번도 나오지 않는다. 김일성의 이름 자리는 ×××라고 표현하고 있다. 그것은 당시 중국공산당의 방침이다. 친구 당의 지도자에 대해서 친구 당의 서술과 달리 이야기하는 것은 허락되지 않았다.

내 논문은 한국에서 민주 혁명이 일어난 뒤인 1988년에 한국 잡지에 번역되어 실렸다. 한국의 젊은 연구자에게도 적지 않은 영향을 미쳤다고 생각한다. 그 논문을 가지고서 나는 그해 여름 중국 지린성 옌벤을 방문하였다. 조선족 역사가는 내 논문을 호의적으로 받아들이고서 이것저것 조언하고 지원해주었다. 그리고 1991년에는 평양을 방문하여 사회과학자 협회의 학자들과 토론을 하였다.

사실 내가 옌벤을 방문했을 때 동북의 역사가들은 항일 무장 투쟁 시기의 중국공산당 자료를 수집하여 간행하기 시작하고 있었다. 그게 《동북 지구 혁명 역사 문건 회집滙集》으로, 1988년부터 1992년까지 갑甲편 61권이 나왔다. 이것은 내부 자료로 외국인에게는 보여주지 않았다. 그런 게 있는 줄 당시는 몰랐다. 그러나 조선족 역사가 한 사람이 김일성에 관한 가장 중요한 자료 한 점을 나에게 주었다. 중국공산당 자료 중에서 김일성이라고 다이렉트로 씌어 있는 유일한 자료였다. 이 자료는 갑편 61권에도 수록되어 있지 않았다. 아마 내 논문을 읽고서 이 사람이라면 믿을 수 있겠으니 이 사람에게 연구를 시키면 되겠다고 느낀 것 같다. 자신들은 이 자료를 사용할 수 없으니 당신이 사용하라고 제공한 것이었다. 그 자료를 나는 1992년의 책(《김일성과 중국공산당》, 平凡社)에 처음 발표하였다. 《동북 지구 혁명 역사 문건 회집》은 1991년 12월부터 을乙편이 나오기 시작했는데, 이 자료는 그 제1권에 실려 있다. 그 내용은 뒤에 소개할 것이다.

평양에 갔던 것은 1988년에 노동당 서기 황장엽 씨가 요코하마의 UN대학 심포지엄에 왔을 때 내가 황 씨 보고의 토론자로 지명되었기 때문에 김일성에 관한 《사상》의 논문과 《북쪽의 친구에게, 남쪽의 친구에게》(御茶の水書房, 1987)란 책을 주었던 것이 계기였다. 1989년에 편지가 왔는데, 준 책을 "모두 읽고서 선생의 학자적인 양심에 감복"하였으니 꼭 북한을 방문해달라고 하였다. 그래서 1990년에 한국을 처음 방문한 뒤에 북한에 갔다. 역사가들이 반기면서 마중나와 내 논문에 관해 열심히 토론하였다. 자유롭게 무엇이든 토론할 수 있다고 느꼈었다. 뒤에 생각해보면, 이 사람들은 당시 김일성의 회상록 《세기와 더불어》의 작성에 관련을 맺고 있었던 듯하다. 나에게 이야기했던 게 《세기와 더불어》에 나오기 때문이다.

옌벤과 평양을 방문한 뒤에 나는 1992년 3월에 《김일성과 만주 항일 전쟁》을 출판하였다. 여러 출판사를 전전한 끝에 헤이본샤平凡社가 이 책을 찍어주었다. 한국의 제일선 연구자 이종석 씨가 번역하여 8월에 한국어판이 나왔다. 나는 그 한국어판 20권을 바로 평양에 보냈다. 평양으로부터는 잘 받았다는 답장이 왔다. 뒤에 타카사키 소우지高崎宗司(츠다쥬쿠津田塾대학 교수) 씨가 옌벤 지구에서 평양의 역사가를 만났더니 와다 씨 책 때문에 머리가 아프다는 것이었다. 우리들은 여러 자료도 제공하였고 대화도 했는데 결국 와다 씨가 중국의 자료로 전부 쓰고 말았다고 한탄했다.

어쨌든 바로 이 직전 1991년에 《동북항일연군 투쟁사》가 베이

징에서 나왔다. 이 책이 처음 김일성의 이름을 그대로 게재한 중국 문헌이다. 곧 이 순간부터 중국에서는 김일성의 이름은 자료에 나오는 대로 쓴다고 하는 방침으로 전환한 것이다. 이것은 북한에게는 커다란 문제였다. 평양으로서는 중국의 그러한 역사 문헌과 부합되게 자신들의 역사 설명을 바꿀 수밖에 없었던 것이다. 그 결과가 《김일성 회고록 ― 세기와 더불어》 전8권이었다. 앞의 네 권이 1992~1993년에 나오고 5, 6권은 1994~1995년에 나왔다. 신화화하고 있던 설명을 사실史實에 맞추어 수정하는 작업이 김일성 회고록 간행이라는 형태로 진행되었다. 이에 기초하여 조선 혁명 박물관의 전시도 고쳤다. 그 작업에 내 책도 조금 공헌했는지 모르겠지만 이는 뒤에서 살펴보도록 하자. 일본에서는 북한이 전혀 변하지 않는 사회라고 단정해버리는 사람이 많지만, 국가 신화의 핵심에 해당하는 부분에서도 커다란 수정이 이루어지고 있는 것이다.

기독교 민족주의자의 아들

김일성은 1912년 4월 15일에 평양 교외 대동군 남리, 지금의 만경대에서 출생하였다. 진짜 이름은 김성주金成柱다. 그의 아버지 김형직金亨稷은 소작인의 아들이었다고 한다. 그는 숭실학교라는 미션 스쿨에서 공부한 기독교도였다. 어머니 강반석姜盤石이 기독교도인 것은 이전부터 알려져 있었다. 옆 동네 기독교 장로의 딸이었다.

이름 반석은 예수의 제자 베드로가 돌을 베개삼아 잤다고 하는 것에서 따온 대단히 기독교적인 이름이었다. 그러나 아버지가 기독교도였는지는 확실하지 않다.《세기와 더불어》에도 확실히 씌어 있지 않다. 아버지는 기독교가 나쁘다고 확실히 이야기했다고 쓰고 있지만, 교회에서 오르간을 연주했다고도 쓰고 있다.

아버지 김형직은 숭실학교 동창 배민수裵敏洙와 함께 국민회라는 단체를 만들었다. 이 배민수라는 사람은 뒤에 한국 장로파 교회의 유력자가 된다. 그의 영문 회고록《하늘 왕국에 누가 들어가는가 *Who shall enter the Heaven?*》는 1944년에 한국에서 인쇄되었다. 이걸 한국 학자가 발견하여 나에게 보내주었는데, 거기에서 배민수는 김형직에 관해서 이렇게 쓰고 있다.

"그는 나라의 재흥再興에 가장 열심이었다.……그는 입을 열면 불타는 정신과 정열을 드러내보였다. 그와 나는 대화 뒤에 다음과 같이 기도하였다. '우리 주, 예수가 우리들을 구원하기 위해 수난을 받고 죽은 것에 대해 감사하나이다.……우리 백성의 죄를 면해주소서. 우리나라를 구하게 도와주소서. 그리고 우리들이 나라를 구하기 위해 목숨을 바치도록 인도해주시옵소서.'"

국민회는 기독교 학교를 졸업한 젊은 교사들의 모임이었다. 일본이 어떤 나라와 전쟁을 하게 되면 그때 항일에 결사적으로 떨쳐 일어나려고 조직을 만들어둔다는 자세였다. 강령이나 규약은 전혀 남아 있지 않다. 다만 조직에 가담하고 있던 젊은 교사가 학생에게 쓴 작문이 남아 있다.

"우리나라는 4천여 년의 역사를 가지고. 자자손손 봉락奉樂해왔지만 오늘날 이 지경에 이른 것은 무엇 때문인가? 자물쇠로 결박당해도 우리 손으로 끊어버리고서 독립 만세를 외쳐야 한다.……청년 학생이여 쓸데없이 허송 세월을 보내지 말고 한마음으로 분발하여 자유의 종을 울려야 할 것이다. 지렁이도 밟히면 죽기 전에 꿈틀거리고 조그만 벌도 한 번 쏘고서 죽는다고 한다. 아아, 우리 청년이여."

이것은 학생에게 쓴 작문이다. 김일성의 아버지 김형직 등은 이런 작문을 쓴 것처럼 학생과 자기 자식을 지도했던 것이다. 당시 대동군에는 장로파 교회가 35개나 있었다. 평양은 한반도의 예루살렘이라고 일컬어지고 있었다.

국민회는 1918년에 탄압을 받아 김형직도 체포당했다. 10개월형을 받아 감옥에서 나온 뒤에 만주로 갔다. 성주 소년도 어머니와 함께 아버지 뒤를 쫓아 만주 육두구六道溝로[1] 갔다. 그 뒤에 아버지의 지시로 1923년에서 1925년까지 귀국하여 할아버지의 교회 학교에서 공부하였다. 그렇기 때문에 기독교적인 백그라운드가 대단히 강하다.

그리고 만주에 돌아올 무렵 1926년에 아버지가 죽었는데, 그 전후 사정은 조금 수수께끼다. 공식 전기에 따르면, 1926년에는 아버지의 죽음(6월 4일), 김성주가 화성의숙이라는 민족주의자의 학

---

1) 룽징龍井의 옛 이름.

교에 들어간 것, 그리고 그 학교를 그만둔 것 등 세 가지 사건이 일
어났다. 문제는 그 세 가지 사건의 순서다. 북한에서는 아버지 사후
에 아버지 동지들의 주선으로 6월에 화성의숙에 입학하여 거기에
서 연상의 청년들과 '타도 제국주의 동맹'을 창설했지만 가을에는
그 학교를 그만두었다고 설명하고 있다. 그렇게까지 어지러운 변화
가 있었다고 나로서는 믿을 수 없다. 보통 생각하면 화성의숙에 연
초에 들어갔다가, 아버지가 죽어서 집에 돌아가 상을 모시다가 학
교에 돌아가는 걸 포기했다고 보는 게 자연스럽지 않은가 생각한
다. '타도 제국주의 동맹'을 만들었다고 하는 건 김일성의 초기 신화
의 하나로, 지금까지도 주장하고 있지만 14세의 김일성이 연상의
청년들에게 영향을 주어 그런 정치적인 단체를 만들었다는 건 믿을
수 없는 것이다. 이 이야기의 전거는 최형우崔衡宇의《해외 조선 혁
명 운동 소사》(제1집, 서울, 1946)이지만, 최형우가 1926년에 김일성
이 '타도 제국주의 동맹'을 만들었다고 쓰고 있는 건 전후의 서술로
보아 1929년을 착각한 것이라고 생각한다.

지린의 중국인 중학생

　아버지가 죽은 뒤 어머니 슬하에 있다가, 앞으로 어떻게 처신할
까를 생각한 끝에 김성주는 1927년에 지린吉林의 명문 유원毓文중학
에 입학하게 된다. 이것은 커다란 전기였다. 조선인이 만든 중학교

도 있었지만 지린이라는 대도시의 중국인 자제들이 다니는 학교에 들어간 것이다. 이 학교는 상하이의 난카이南開중학과 더불어 명문으로 알려져 있다. 그런 중학교에 들어간 게 중국인의 세계, 중국공산당 속에서 김일성이 두각을 나타나는 데 대단히 큰 역할을 했다.

1929년에 유원중학에 쇼에츠成鉞라는 선생이 부임한다. 이 사람은 루쉰魯迅의 제자로 김성주 등에게 레닌의 《제국주의론》을 가르쳤다. 김성주는 이 선생의 영향도 받아서 공산주의에 눈떠 조선공산청년회라는 조직에 들어가 체포당했던 게 관헌 자료에 나온다. 쇼에츠는 뒤에 새 중국의 유명한 역사가가 되었고, 김일성은 내 학생이었다고 인정하는 회상을 남기고 있다.

김성주는 감옥에서 나온 뒤에 농촌 지방에 머물며 거기에서 이종락李鐘洛 등과 사귄다. 이종락은 화성의숙 선배였다. 이 청년들이 만든 조직이 타도 제국주의 동맹이었다고 중국공산당 문헌에는 나오고 있다. 이게 무리 없는 진행이 아닌가 생각한다. 게다가 이종락이 만든 게 조선 혁명군이라는 무장 조직이었다. 거기에도 김일성은 참여하였다. 그렇지만 1931년에는 이종락 등이 체포당하여 조직은 깨지고 말았다. 체포당하지 않은 김성주는 할 수 없이 어머니가 있는 동만주로 돌아가게 되었다. 동만주 지역에서 김일성은 심기일전하여 중국공산당에 들어가게 된다.

사실 이종락의 그룹이 중국공산당에 입당하지 않는 게 수수께끼였다. 당시 코민테른에는 1국 1당 방식이란 원칙이 있어서 만주에 있던 조선인 공산주의자는 차례차례로 중국공산당에 입당하였다.

그러나 이종락 그룹처럼 어디까지나 조선 혁명을 추구하는 것만 생각한 사람은 이에 저항하였다. 김일성도 거기에 속해 있었지만, 이종락은 체포당하고 조직은 없어져버려서 중국공산당에 들어갈 수밖에 없었을 것이다. 김일성은 1931년에 중국공산당에 입당했다. 이 무렵부터 김성주는 김일성으로 이름을 바꾸게 된다.

항일유격대 활동의 개시

1931년은 만주사변이 일어났던 해다. 만주에서는 여러 사람이 일본에 대해 무기를 가지고 싸우기 시작하였다. 항일 무장 투쟁에서는 조선인들이 전통이 있다. 중국공산당의 당원 중에서도 조선인이 솔선수범해서 무장 투쟁을 개시하였다.

김일성은 1932년 봄에 안투安圖에서 구국군 유于 사령 부대 소속 별동대로서 조선인 무장대를 조직했다고 전해지고 있다. 구국군은 만주군 군인이나 마적, 비적이었던 중국인이 일본의 만주 침략에 맞서 싸우기 위해서 만들었다. 공산주의자가 그런 부대에 들어가 도왔던 걸 종종 볼 수 있다. 왜 그런 가 하면, 중국공산당은 국민당과 투쟁하고 있었기 때문에 일본 침략에 맞서는 데 늦었던 것이다. 그래서 마음이 있는 공산주의자는 구국군에 들어가 싸우기 시작한 것이다.

김일성의 부대는 조선인 민족주의자 부대와 제휴하여 싸우려고 했으나, 거절당하고 말았다. 그래서 1932년에 동만주로 돌아와 공산주의자 왕칭汪淸 유격대에 합류하였다. 거기에서 조직 교체가 있어서 왕칭 유격대의 정치위원이 되었다. 사령관은 군사를 담당하고 정치위원은 정치를 한다. 정치를 하려면 문장을 써야만 한다. 지령을 받고 보고서를 써낸다. 공산당은 문서 작업으로 이루어져 있는 조직이다. 문서 작업을 할 수 없는 사람은 정치위원이 될 수 없는 것이다. 문서 작업은 중국어로 이루어졌다. 김일성이 일거에 정치위원이 될 수 있었던 건 명문 중국인 중학에서 공부했다고 하는 학력과 뛰어난 중국어 실력 때문일 것이다.

그 무렵에 민생단民生團사건이 일어났다. 민생단은 일본이 만주의 조선인 거주 지구에서 만든 친일 단체였다. 1931년에 처음 만들었고, 곧 없어졌지만 1932년이 되자 일본의 지시를 받은 이 조직이 조선인 속에 침투하고 있으니 경계하라는 캠페인이 시작된다. 중국공산당 속에나 중국공산당이 지휘하고 있는 무장 조직 속에 민생단 스파이, 민생단의 끄나풀이 침투하게 되자, 그들을 적발해내라는 캠페인이 벌어졌다. 일본군과의 싸움은 대단히 어려웠기 때문에 여러 가지 실패나 혼란도 있었을 것이다. 그것 모두가 스파이 탓이라는 게 민생단사건이었다. 뒤에 김일성이 1941년에 소련 땅으로 도망간 뒤에 쓴 〈항일 제1로군 약사〉 가운데 "총살당한 5백여 명의 민생단 중에 우리의 진짜 좋은 동지도 적지 않게 있다"고 쓰고 있다. 게릴라 대원의 숫자가 그리 많지 않은데 500명이나 되는 조선인이 처형당한 건 엄청난 일이었다. 대부분의 사람이 무고하게 살해당한 것이다. 김일성의 왕청 유격대에서도 대장이 총살당하였다. 김일성 자신도 민생단으로 의심받았지만, 어쨌든 가까스로 살아남았던 것이다. 북만주 쪽으로 도망쳐 그 열기가 가라앉은 1935년에 돌아왔다. 그리고는 동북인민혁명군 제2군 제1 독립 사단 제3단의 정치위원이 되었다.

이때 모스크바에서는 코민테른 제7차 대회가 열려서 인민 전선 전술이 채택되었다. 지금까지는 사회민주주의자는 적, 사회파시스트라고 불렸지만 잘못된 것이었다. 공산주의자는 사회민주주의자는 물론, 자유주의자와도 함께 파시스트와 싸워야 한다는 것이었다. 1935년의 제7차 대회에서 그렇게 커다랗게 전환하였다. 식민지의 경우에는 민족통일전선을 꾸려 국민당과 공산당이 합작하고, 조선인과 중국인의 연대가 필요하다는 것이다. 이때 만주에서 모스크바로 간 이가 동만주 지방의 당 대표 웨이정민魏拯民이었다. 그가 후고馮康라는 이름으로 1935년 12월 20일에 제출한 보고 중에는 다음과 같은 구절이 있다.

"김일성, 고려인, 1931년 입당, 학생, 23세, 용감 적극, 중국어를 할 줄 앎, 유격대 출신이다. 민생단이라는 진술이 매우 많다. 대원들과 이야기하길 좋아하며 대원들의 신뢰와 존경을 받고 있다. 구국군 중에서도 신뢰와 존경하는 사람들이 있다."

이것이 앞에서 이야기한 가장 중요한 자료로, 옌볜의 역사가가 문서관에서 필사한 노트를 나에게 주었던 것이다. 1991년 12월에 내부 발행 자료집(《동북 지구 혁명 역사 문건 회집》을편 제1권)에도 게재되어 있다. 1935년에 23살이라는 건 1912년에 태어났다는 것이다. 김일성이 태어난 해다. 곧, 평양의 김일성은 진짜라는 게 이 자료에 의해 확증된 셈이다. 대원들의 "신뢰와 존경을 받고 있다"라는 곳의 원문은 "隊員中有信仰"이다. 그 "有信仰"이란 중국어를 내가 "신뢰와 존경을 받고 있다"로 의역한 것이다.

1992년에 평양에서 나온《김일성 회고록 — 세기와 더불어》제4권에 이 자료가 인용되어 있다. "대원 속에서 신뢰와 존경을 받고 있다"로 번역되고 있다(241쪽). 평양에서 동시에 나온 중국어판《金日成回顧錄 — 與世紀同行》제4권을 보면 "頗受隊員們信任和尊敬"이라고 되어 있다(213쪽). 이 자료의 인용은 내 책의 한국어 번역으로부터 가져온 것은 아닌가 하고 한국 연구자 사이에서는 이야기되고 있는데 아마 그럴 것이다. 회고록 제4권의 집필 시점에는 중국 쪽의 자료가 북한 쪽에 인도되지 않은 것으로 알고 있다.

동북항일연군 제1로군 제2방면군 사령으로서

모스크바의 코민테른에 있던 중국공산당 대표들은 이때 민생단 사건의 처리를 반성해서 제2군에서 조선인 부대를 분리하여 조선인민 혁명군을 만들어야 하고, 나아가 반일 단체도 중국인의 반일 단체 이외에 조선인의 반일 단체를 만들어야 할 것이라는 결정을 내렸다. 웨이정민은 만주로 돌아와 1936년 3월 미훈전迷魂陣에서 모

스크바에서의 결정을 전달하였다. 이 결정에 반대한 이가 김일성이
었다. 이것은《세기와 더불어》에 확실하게 씌어 있다. 무장 부대를
나누는 건 좋지 않다. 민생단사건의 실패가 있었기 때문에 무장 부
대를 민족별로 나누어 충돌하게 된다면 큰일 난다. 이런 주장은 김
일성이 정치적으로 사려 깊음을 보여주고 있다. 이 주장이 받아들
여졌는지 모르겠지만 무장 부대를 나누지는 않았다. 동북인민혁명
군은 동북항일연군으로 명칭을 바꾸고 김일성은 제1로군 제2군 제
3사의 사장師長이 되었다. 하지만 김일성은 반일 단체를 민족별로
만드는 건 찬성하였다.

이렇게 해서 생겨난 게 한인 조선광복회다. 이 조직이 만들어질
수 있었던 것은 제1군 제2사 정치 주임 오성륜吳成崙의 역할이 컸다
고 나는 생각한다. 그는 님 웨일즈의《아리랑》에 주인공 김산金山의
친구로 등장한다. 모스크바에서 공부했던 사람이지만, 이전에는 의
열단의 테러리스트였다. 의열단의 핵심 슬로건이 "조국 광복"이었
다. 조선인만으로 반일 단체를 만들라는 모스크바의 지시를 받아들
여서 그 조직이 '조국광복회'로 이름을 바꾸었는데, 이전 의열단 단
원인 오성륜의 이니셔티브가 있었던 건 아닌가 하는 게 내 생각이
다. 실제로 남아 있는 최초의 조선광복회 선언문은 오성륜의 이름
으로 나온다.

그러나 실제로 조직 사업이 가능했던 것은 김일성의 제3사, 나중
에 제6사가 있던 창바이현長白縣이었다. 조국광복회를 압록강 한반
도 쪽과 만주 쪽에서 모두 조직함으로써 1937년 6월 4일 보천보普

天堡 공격이 이루어질 수 있었다. 김일성의 이름을 전국적으로 알리고 민족 영웅으로 드높인 사건이다. 사건 자체는 대단한 건 아니었다. 보천보는 308가구, 경찰은 5명밖에 없는 산골 마을이다. 그런 마을을 김일성 부대가 공격한 것인데, 부근에 혜산이라는 인구 1만 3천 명의 도시가 있다는 게 중요했다. 김일성의 부대는 조그만 마을을 습격하여 마을 사무소, 경찰, 학교 등을 불태워버렸다. 그 소식이 혜산에 전해지고 바로 서울로 전해져서 전국으로 퍼져나갔다.

《동아일보》는 호외를 내보냈다. 이전 베를린 올림픽대회 때 마라톤에서 손기정이 우승했을 때 《동아일보》는 손기정 가슴의 일장기를 삭제한 사진을 실어서 발행 정지 처분을 받았다. 그 처분이 6월 1일에 철회되었다. 보천보 사건이 일어난 게 6월 4일, 복간한 지 3일 뒤였다. 《동아일보》는 회사나 기자 모두 일본에 대한 분노로 가득 차 있었다. 때문에 보천보 공격에 대해 좋아, 잘 해주었어 하고 흥분해 호외까지 내보낸 것이다. "함남 보천보를 습격해, 우체국과 면 사무소 방화", "어제 저녁 ○○ 2백여 명이 돌연 습격해와 학교 · 소방서도 방화", "김일성 일파로 판명" 등의 헤드라인이 눈에 띄었다. 이렇게 함으로써 김일성의 이름이 한반도 전역에 알려지게 되었다. 습격 작전으로는 대단한 내용이 아니었지만, 김일성의 이름을 널리 알리는 커다란 계기가 되었다. 일본 쪽은 보천보 주변의 마을들을 철저하게 탄압했다. 총 739명이 체포당하고 그 가운데 6명이 사형 판결을 받았는데, 실제로 5명이 처형당했다.

그 뒤에 빨치산에 대한 토벌 작전이 점점 격렬해졌다. 전략촌을 만들어 게릴라를 고립시키기 시작하였다. 체포자를 죽이지 않고 배반시켜 일본 쪽에 충성을 서약하면 목숨을 살려줘 게릴라 토벌의 선두에 세우는 방법도 취했다. 최초의 성과는 중국인 제1사 사장 정삔程斌이 일본에 귀순한 것이었다. 이것이 커다란 충격을 주어, 1938년 11월에 제1군과 제2군을 하나로 합쳐 세 개의 방면군으로 개조하였다. 김일성은 제2방면군 사령司令이 되었다.

일본군의 토벌 작전 중에 시작된 것이 '고난의 행군'이다. 1938년 12월 초부터 다음해 3월까지 100여 일 동안 눈 속을 행군해서 도망친 것이다. 토벌대에 쫓겨 부족한 식량을 나누면서 김일성과 부하들, 소년 대원들은 깊은 신뢰 관계가 생겨났다고 한다. 북한에서 1994년 이래의 자연재해, 기근 중에 '고난의 행군'이란 슬로건이 부활한 건 여기에서 나온 것이다.

이 시기에 일본군이 스파이를 김일성 부대로 보냈다. 지순옥池順玉이란 여성인데, 이중 스파이가 아닌가 생각된다. 지나치게 김일성을 찬양하기 때문이다. 이 사람은 다음과 같이 보고하고 있다.

"제2방면군이 지휘가 왕성하고 단결력이 있는 것은 군 지휘관 김일성이 용맹한 민족적 공산주의 사상을 품고 있고, 또 강건함과 통솔의 묘를 가졌기 때문이다."(《현대사 자료》30, みすず書房, 1976)

김일성의 공산주의를 '민족적 공산주의'라고 서술하고 있다. 이건 올바른 견해일 것이다. 게다가 몸이 '강건'하다는 건 게릴라에게 있어서 가장 중요하다. 눈 속을 아무것도 먹지 않고 행군한다 해도 참아낼 정도로 강건한 것이다. 조금이라도 신체가 허약한 사람은 금방 결핵에 걸려 죽게 된다. '통솔의 묘'가 있다는 건 부하의 마음을 장악하고 있다는 것이다.

결국 만주 게릴라의 지도자는 젊어야만 한다는 것이다. 섭씨 영하 40도를 넘나드는 만주 벌판에서 장기간 일본군 토벌대로부터 도망치며 자신도 살아남고 부하의 목숨도 구하기 위해서는 대단히 건강한 육체적 능력을 갖추고 있어야만 했다. 따라서 나이를 먹어서는 감당해낼 수 없다. 늙은 장군이 백마를 타고서 나타날 수 있는 세상이 아니라는 것이다. 눈 속을 돌아다니면서 살아남아야 했기 때문이다. 따라서 해방 후 평양 집회에서 김일성 장군이라고 하면서 늙은 장군이 나올 거라 생각했던 사람들은 완전히 오해하고 있었던 셈이다.

또 이영명의 《4인의 김일성》은 김일성이 몇 차례나 죽었다는 관계자의 증언에 근거해 쓰인 것일 수 있다. 그건 의도적으로 그러한 정보를 흘려보낸 것이다. 김일성이 죽었다고 하면 토벌대 쪽은 크게 기뻐할 것이다. 그래서 안심하고 있으면 다른 곳에서 나타난다. 뭐야, 아직 살아 있단 말인가 하면서 맥이 풀린다. 이것은 시라토 산페이白土三平의 《닌자 부게이쵸우忍者武藝帳》 같은 무협 만화의 세계다. 그림자 무사影武者는 많다. 더욱이 게릴라라는 건 지도자를 신화화한다. 대단히 힘든 전투이기 때문에 지도자가 신비한 초능력을 갖고 있지 않다면 싸워나갈 수 없다. 북한의 이야기가 신화 형식인 건 여기서부터 유래한 것이다.

일본군의 토벌이 심해지자 만주 게릴라의 최후도 다가왔다. 김일

성 등은 현상금이 내걸려졌다. 제1로군은 가장 한반도에 가까운 곳
에 있던 부대인데, 그 사령관인 중국인 양징유楊靖宇가 마침내 추적
당하여 1940년 2월 23일에 사살당했다. 그의 위를 절개해보니 속
에는 나무뿌리밖에 없었다고 전해지고 있다. 이것은 논픽션 작가
사와치 히사에澤地久枝 씨가 전하고 있다(《또 하나의 만주》, 文春文庫,
1982). 양징유의 머리는 잘려 통화通化 등 도시 길거리에 내걸렸다.
제1로군의 제3방면군 사령 첸간장陳翰章도 사살당해 머리를 잘렸
다. 일본군은 그 다음에 김일성의 머리를 노리고 있었다.

1940년 3월에 김일성의 부대는 허룽현和龍縣의 일본인 목재소를
습격하였다. 이 정보를 들은 이가 허룽현 경방대대警防大隊의 중대장
마에다 다케치前田武市 경정이었다. 경찰 부대여도 완전 무장해 게릴
라를 토벌하는 부대였다. 정보가 들어오자 마에다 중대는 출동하였
다. 총 145명 정도로 눈 속에서 추격에 나섰다. 김일성의 부대는 필
사적으로 도망쳤다.

김일성의 부하인 중국인의 회상에 따르면, 불을 피워 식사를 할
수도 없었다. 밥을 하면 연기가 나와 거처가 발각되기 때문에 생쌀
을 먹고 뒤에는 눈을 먹었다. 근육이 땡겼다. 모든 게 소용없다. 더
이상 도망쳐도 전멸이다. 여기에서 기다리면서 매복하여 결전을 벌
이자. 김일성 등은 그렇게 결단을 내렸다. 제2방면군 사령 김일성은
정치부 주임인 중국인 뤼뽀치呂伯岐와 상의하여 결단을 내렸다. 기
다려 매복하고 있는 곳으로 마에다 중대가 들어왔다. 김일성이 맨
처음 피스톨을 발사하고 모두 일제 사격을 하여 전투가 시작되었

다. 전투는 1시간만에 끝났다. 김일성 부대는 마침내 적을 전멸시켜
버렸다. 145명이었던 마에다 부대는 겨우 20명 남짓이 살아남았다
고 한다. 가장 중요한 것은 145명 안에 일본인은 9명, 나머지 대다
수는 '조선계', 곧 일본군에 충성을 서약한 조선인이라는 점이다. 곧
저쪽은 조선인 토벌대, 이쪽은 조선인 빨치산, 조선인끼리의 싸움
이었다. 살아남은 마에다 부대 경찰관의 말로는 김일성의 부대로부
터 "총을 버리고 손들라. 명령에 따르면 죽이지 않겠다"라는 소리를
들었지만 마에다 부대는 누구 하나 투항하지 않았다고 한다. 사건
이 일어난 다음해 현장에 세워진 현충비의 비문에는 "한 조선계 대
원은 마침내 살아남을 수 없음을 알게 되자 천황 폐하 만세를 외치
고서 침착하게 죽어갔다"고 새겨져 있다.

조선인이 "천황 폐하 만세"라고 하면서 조선인 게릴라의 탄환에
맞아죽었다는 것이다. 물론 당시 게릴라들은 포로를 잡지 않았다.
포로가 되면 죽는다는 건 모두 알고 있었다. 그러나 어쨌든 조선인
이 "천황 폐하 만세"라고 외치며 죽어가는 걸 조선인 게릴라는 들었
을 것이다. 이건 심각한 문제다. 일본인과 조선인 사이에 있는 증오
가 극한에 달하는 순간이다. 이 천황 폐하란 쇼와 천황을 말한다. 이
렇게 김일성 부대는 도망쳐갔다.

일본인은 1년 뒤 그 장소에 현충비를 세우고 거기에 "일부 비적
이 산야에 잔존해도 일거에 그 놈의 마른 목을 베어 그 피로 묘를 적
실 것이다. 살아남은 우리들이 맹세컨대 그대들에 대한 복수에 나
설 것이다"라고 새겨놓았다. 이건 말장난이 아니다. 1주기에 관계

자가 개최한 좌담회의 기사가 《게이유우警友》(康德 8년 5월호)에 게 재되어 있는데, 거기에서 마에다의 후임인 세키關라는 경사가 "김 비적金匪의 수급은 반드시 내 손으로 고인에게 바치려고 죽을힘을 다해 찾아왔다. 그러나 아쉽게도 오늘 1주기에 그의 수급을 영전에 바치지 못하여 대단히 면목이 없다"라고 쓰고 있다. 문학적 표현이 아니라 문자 그대로 현실로 김일성의 머리를 잘라내어 영전에 바칠 결의를 하고 있다. 이들도 처절하게 증오하고 있었다.

1940년 4월에 제1로군 정치위원 웨이정민은 코민테른의 대표에 게 편지를 보낸다. 이 사람은 인텔리이기 때문에 신체가 허약하였 다. 아파서 움직일 수 없게 되자 지원을 요구하는 편지를 보낸 것이 다. 이 편지는 일본군에게 압수당하였다. 그리고서 일본어로 번역되 어 일본 경찰 기관지에 발표되었다. 웨이정민은 이렇게 쓰고 있다.

"1938년 여름의 정뻰이 반역하고 이를 적군이 이용함으로써, 적 은 우리들의 파괴와 이간 정책을 적나라하게 공작하여 부대 안의 사상은 상당히 변화가 일어났다.……정뻰을 적군이 이용함으로써 점차 투항해도 엄중 처분을 받지 않는 사실을 알기 때문에 부대 안 의 일반 사상은 상당히 변하였다. 즉 현재는 투항해도 사형에 처하 지 않는 걸 잘 알고 있다."

투항하면 죽이지 않는다는 방침이 커다란 영향을 미쳤던 것이다.

"현재 사용하고 있는 사상전, 선전전의 방법은 국제 정세가 크게 변하여 소련 내부가 분란하고 중국의 새 정부가 수립되었고 국공이 분열하여 동북항일연군이 해소되었다 등등의 거짓말을 하고 있다.

그리 함으로써 아군 대원이나 간부들이 사상상의 비관 실망을 하도록 하고 일제가 비교할 수 없이 강대해져 전 세계를 장악한 것처럼 선전하고 있다."

일본군은 매우 교묘하게 정신을 동요시키는 선전을 하고 있다는 것이다. 현재의 간부로서 제2방면군 사장 김일성의 이름도 거론되고 있다.

"현재의 간부의 능력으로는 현상 유지조차 곤란하여 이들로 장래의 커다란 사변에 대처한다는 건 무모하고 탁상의 공론이다."

따라서 간부를 35명 파견해주고 총탄 1만 발, 기관총 2문을 보내달라고 요청하고 있다. 나는 오랫동안 웨이정민의 편지가 보내지지 않은 게 아닌가 하고 생각했다. 그런데 모스크바에서 코민테른 자료를 조사해보니 1941년 무렵에 작성된 코민테른 보고서 중에서 이 편지가 인용되고 있었다. 이 비통한 편지는 모스크바에 보내졌던 것이다. 그러나 편지를 받아도 코민테른은 아무것도 할 수 없는 상황이었다.

소련 피난에서 귀국까지

김일성은 1940년 9월에 소련 땅에 입경하였다. 입경에 관해서는 여러 이야기가 있으나, 웨이정민이 최후에 보낸 지시는 정면으로 전투해서는 안 되고 소부대의 활동으로 바꾸어 몇 년 동안 빨치

산 활동으로 부상당한 동지, 나이 많은 동지를 국경 밖 소련으로 보
내고 불온 분자는 처분하라는 것이었다. 그러한 웨이정민의 편지가
남아 있다. 김일성은 그 지시를 보았을 것이다. 김일성으로선 이제
한계다, 모두 소련으로 도망칠 수밖에 없다고 생각하였다. 그래서
여러 팀으로 나누고, 자신은 소수의 부하와 함께 소련으로 향했다.

동행한 것은 전문섭, 강위룡, 최인덕, 이두익, 김정숙金貞淑 등이었
다. 소련에 들어가기 직전에 한반도 산 속에서 김일성은 김정숙과
의 결혼을 선언한다. 소련에 가면 어떻게 될지 모르기 때문에 그 전
에 결혼해둔 것일 것이다. 하지만 소련에 들어가자 상부의 지령을
가지고 왔는가를 물었는데, 그런 걸 갖고 있지 않은 김일성 등은 허
가 없이 월경했다고 하여 투옥된다. 공산당 조직은 상부의 문서 명
령 없이 행동해서는 안 되었다.

그러나 1941년 1월 말에 하바로프스크 회의가 소집되었다. 만주
의 항일연군의 각각의 부대 대표자 회의였다. 소련군이 요청하고
저우바오중周保中이 응하여 소집되었던 것이다. 하바로프스크 회의
에 참가하려고 월경하는 건 당연히 허락되었다. 저우바오중은 김일
성이 체포당해 있는 걸 알고서는 김일성을 풀어주라고 소련 적군赤
軍에게 요청하였다. 제1로군의 대표는 김일성밖에 없기 때문에 하
바로프스크 회의에 참가시키고 싶다고 교섭했던 것이다. 이게 인정
되어 김일성 등은 자유의 몸이 되어 하바로프스크로 갔다. 회의에
서는 이제부터는 모든 부대가 소련 땅 안에 피신하여 A 야영野營과
V 야영, 즉 아무르 야영과 보로실로프(현재의 우스리스크) 야영, 북과

남 야영을 만들기로 결의하였다. 그것에 관해서는 소련 쪽과 타협이 있었으나 이건 나중에 설명하겠다. 그렇게 된 단계에서 만주 부대는 모두 소련 땅으로 도망쳤다.

그렇지만 김일성에게는 이 결정에 앞서 허가 없이 소련에 도망쳤다는 책임을 물었다. 그래서 저우바오중의 명령으로 김일성은 "만주로 돌아가 상사 웨이정민을 만나"게 되었다. "웨이정민에게 가서 규율을 위반했던 걸 사죄하라. 그리고 처분은 웨이정민에게 맡긴다"는 것이다. 저우바오중은 허락했지만, 형식상 그렇게 처리했던 것이다. 결정이 내려지자 김일성은 웨이정민을 찾아갔다. 그러나 웨이정민은 이미 비밀 아지트에서 죽었다. 웨이정민의 유체는 일본군에게 발견되어 머리가 잘려버린 채 알 수 없는 곳에 묻혔을 것이다. 웨이정민이 어디에서 죽었는가는 지금까지도 알려지지 않았다. 김일성은 그대로 돌아왔다. 이것으로 허가 없이 월경했던 건 불문에 부쳐졌다.

1942년 8월이 되자 만주의 항일 연군의 부대는 적군赤軍 88특별 저격여단으로 편성되었다. 1941년 6월에 독일과 소련의 전쟁이 일어나자 소련과 만주 사이의 국경을 조용히 하는 데 신경을 집중했다. 독일과의 전쟁으로 인해 극동의 부대를 잇달아 유럽 전선으로 보내야만 했던 것이다. 그 때문에 일본과 일을 만들지 않기 위해 신중하게 있었는데, 1942년에 독일의 진격이 주춤하게 되자 소련군은 장래에 만주에서 공격에 나설 것을 생각하게 되었다. 그러기 위해서는 게릴라 부대를 다시 훈련시켜야 했기 때문에 적군에 중국인

과 조선인을 포함해 88특별 저격여단을 만든 것이다. 남 야영 부대
도 비야쓰코에Vyatskoye[2)에 있는 북 야영에 집결하도록 명령하였다.
재편성이 이루어져 김일성은 제1교도영장敎導營長이 되었다. 영營이
란 대대에 해당한다. 소련 적군에 들어가 대위로 임명된 것이었다.
김일성이 소련군 대위에 불과했다는 이야기가 소련 붕괴 뒤 러시아
문헌에 많이 나온다. 그러나 그건 단지 붙여진 계급이었을 뿐이다.

다른 한편에서 특별 저격여단에는 중공 동북당 조직 특별 지부국
이 조직되었다. 최용건崔庸健이 서기에, 부서기에 김일성이 임명되
었다. 이 88특별 여단의 군사 지도는 중국인이 장악하며 당무는 조
선인이 한다는 방침이었을 것이다. 여기서 등장하는 이들이 김일성
보다 선배인 두 명의 조선인, 김책金策과 최용건이다. 그들은 나이도
김일성보다 10살 정도 위로 중국공산당에서의 당직도 오래고 항일
연군에서의 지위도 높았다. 그러나 김책은 북만주에 쭉 남아서 계
속 싸우다가 견책을 당해 근신하고 있었다. 최용건이 김일성보다
높은 자리에 있는 건 당연한 일이었다.

1945년 5월 7일에 드디어 독일과 소련의 전쟁이 끝났다. 뒤이어
일본과 소련의 전쟁을 시작하려 할 때 중국공산당 조직이 개편되어
조선 공작단이 새로 만들어졌다. 중국공산당 조선 공작단이다. 조
선 공작단의 서기에는 최용건이 선출된다. 단장은 군사 책임자로,
여기에 김일성이 선출되었다. 그러나 단장에는 그 이상의 의미가

---

2) 하바로스크주의 작은 어촌 마을로, 아무르강 동쪽어귀에 위치하고 있으며 하바로프스크 북동쪽
70km 근처에 있음.

1944년 동북 항일 연군 교도여단(적군 88특별 여단)의 간부들. 맨 앞줄 오른쪽 두 번째가 김일성. 그 왼쪽이 저우바오룽.(《헤이룽장성 답사 자료》 제10호, 1987년)

있었던 것은 아닌가 생각한다. 최용건은 만주로 가서 옌안에서 온 중국공산당 대표와 만나 만주 당무를 인수, 인계해야만 했다. 따라서 자연스럽게 조선 공작단의 실권은 김일성에게 넘어가게 되었던 것이다.

그러나 그것보다도 중요한 판단이 있었던 건 아닌가 추측된다. 이제부터 한반도에 돌아가 새로운 조선을 지휘하게 되면 옌안으로부터 돌아올 사람도 있을 것이고, 소련에서 돌아올 사람도 있을지 모른다. 한반도 내부에도 오랜 공산주의자가 있을 것이다. 그런 사람들과 겨뤄서 만주의 빨치산파가 헤게모니를 잡으려면 누구를 중심에 세워 돌아가는 게 좋을까? 그건 김일성이었다. 김일성은 동료들 중에서 제일 유명했다. 김책이나 최용건은 만주 북쪽 지방에서 활동해서 남만주나 한반도 국내에서는 전혀 알려지지 않았다. 나이는 많고 당 경력도 오래되었지만 무명이었다. 그에 비하면 김일성은 나이가 젊고 당 경력도 일천했지만 국경을 넘어 한반도 안의 마을 보천보를 공격함으로써 한반도 전역에 이름이 알려져 있다. 그래서 김일성을 중심에 세워서 북한에 돌아가 리더십을 확보하자. 김일성 단장을 중심으로 가자. 이렇게 된 거라 생각한다.

여기에서 또 하나의 문제는 김일성이 이때 모스크바에 가서 즈다노프Zhdanov와 회견을 했다는 이야기다. 김일성의 회고록《세기와 더불어》에 씌어 있다. 이제는 평양의 조선 혁명 박물관에 그가 어떤 경로로 모스크바에 갔는가 하는 여행 지도가 전시되어 있다. 이게 진짜인지는 문제다. 나는 모스크바에 가는 것은 가능하다고 생각한다. 왜냐하면 스탈린은 그때 소련에 오래 망명해 있던 이탈리아의 또리아띠, 프랑스의 토레즈 등이 귀국할 때는 반드시 면담을 하였다. 그 기록이 남아 있다. 한반도는 전혀 몰랐지만, 코민테른의 옛 지도자들이 모두 숙청당해버렸기 때문에 만주의 빨치산이 뽑은 김일성을 불러서 이야기를 듣는 것도 이상한 일은 아니었다. 스탈린을 만났다고는 씌어 있지 않지만 모스크바까지 가서 스탈린을 만나지 않는 건 이상한 일이다. 스탈린은 이런 걸 다른 사람에게 맡기는 인간이 아니기 때문에 즈다노프가 아니라 스탈린을 만났을 가능성이 있다고 생각한다. 여기에는 다소간의 의문 부호가 붙는다. 그러나 중요한 건 소련이 김일성을 선발했던 건 아닌가 하는 것이다. 조선인 중에서 누구를 중심에 세울 것인지 선택이 이루어졌고, 뽑힌 사람이 어떤 인간인지 소련 쪽이 보고 싶었을 것이다.

김일성 등은 1945년 9월 5일에 하바로프스크를 출발하여 철도로 한반도를 향했다. 하지만 육로로는 갈 수 없었다. 거기에서 또 다시 블라디보스톡으로 돌아와서 소련 배에 타서 9월 19일 원산에 상륙하였다. 대체적으로 이전까지는 이게 북한에서 전혀 알려지지 않았다. 이제는 이게 공식적으로 명확히 되어 당 창건 사적관에도 원산에 상륙한 뒤에 김일성이 묵었던 건물 사진이 전시되고 있다.

김일성이 원산에 도착했을 때 마중나온 조선인이 있다. 정상진 鄭尚進이 그 중 한 사람이다. 나는 카자흐스탄의 수도 알마아타에서 1990년 4월에 그를 만났다. 그의 말로는, 김일성이 대단히 여위었다고 한다. 소련 야영지에서 제대로 먹지 못했을 것이다. 야윈 사람이 한반도에 돌아와 많이 먹어서 급하게 살이 찐 것이다. 야영지에서의 사진과 얼굴이 변했다고 하는 건 내가 보기에는 그렇다. 또 정상진은 김책, 최용건, 김일성 세 사람 가운데 가장 유능한 건 김일성이었다고 인정하고 있다.

이렇게 김일성은 조국에 돌아온 것이다.

4장_ 관련 연표

4

8월 15일의 일본인과 조선인

— 패전과 해방

8월 15일이란 무엇인가

1945년 8월 15일은 일본인과 조선인에게 서로 다른 의미가 있는 날이다. 그것에 대해 내가 처음 관심을 가졌던 것은 1966년이었다. 한일조약이 체결되어 그것에 반대하는 운동을 했는데, 당시 내가 위원으로 있던 역사학 연구회에서 동아시아 현대사를 재검토하게 되었다. 그래서 나는 연구 대회에서 〈제2차 대전 후의 동아시아 ─ 일본 · 한반도 · 중국의 민중〉이란 테마로 보고하고서 그것을 연구회의 잡지에 발표하였다. 그 뒤에 여러 차례 이 테마로 되돌아와 〈두 개의 8 · 15〉, 〈세 개의 8 · 15〉에 관하여 썼다. 2002년에는 호주의 아시아 학회의 초청을 받아 〈전후 일본 평화주의의 원점〉이란 보고를 하고, 그걸 《사상》 12월호에 게재하였다. 여러 기회에 생각하여 써온 걸 종합해서 다시 얘기해보고 싶다.

최근에는 이 테마에 관해서는 사토 다쿠미佐藤卓己의 《8월 15일의 신화 ─ 종전 기념일의 미디어학》[1]이 나와 좋은 평판을 받고 있다. 저자는 교토대학 교수로, 미디어 사학을 전공하고 있다. 사토 씨는 8월 15일이 도대체 어떤 날인가 의문을 갖고 조사해보니 8월 15일은 종전일이었다. 결국 종전 기념일이란 건 만들어진 거라는 결론을 내리고서, 그렇다면 '8월 15일 혁명'을 말하는 마루야마 마사오 丸山眞男가 좀 이상한 게 아닌가 하고 지적하고 있다. 매우 정보량이 풍부한 책으로 읽어보길 권유한다.

그러나 내 생각은 사토 씨와는 조금 다르다. 8월 15일은 사토 씨가 다루고 있지 않는 곳에서 생각해봐야 할 중요한 날이고, 이것을 경시할 수 없다고 생각한다.

먼저, 8월 15일이란 무엇인가 하는 것이다. 전쟁이 끝날 때의 과정을 생각해보자. 1945년 6월에 오키나와가 함락되고, 7월 26일에 포츠담선언이 발표되었다. 그때 일본 정부는 포츠담선언에 관하여 여러 가지 논의를 하였다. 물론 중시는 했지만, 결국 스즈키 칸타로 鈴木貫太郎[2] 수상이 "묵살한다"고 발언했던 게 신문에 나온다. 그래서 8월 6일에 히로시마에 원폭이 투하되었다. 이미 소련은 미국과 영국에게 머지않은 시기에 준비가 되는 대로 대일 참전을 할 것을 약속했다. 그러나 원폭 투하 소식을 듣고서 미국이 소련을 배제하려

1) 원용진 옮김, 궁리, 2007.

2) 군인이자 정치가. 해군 대장 출신으로, 해군 차관, 연합함대 사령장관Commander-in-Chief of the Combined Fleet을 거쳐, 퇴역 후에는 추밀원 고문관과 의장을 거쳐, 총리대신을 역임했음. 육군의 반대를 물리치고 태평양전쟁의 조기 종결에 찬성함.

는 의도가 있다고 생각하여 예정을 앞당겨 8월 8일에 대일 선전 포고를 하였다. 그리고 9일 아침, 소련 전차 부대가 만주에 돌입했다. 일본은 이걸 알고서 큰일이라고 생각해 포츠담선언의 수락으로 나아가게 된다.

이 과정을 둘러싸고는 논의가 분분하다 일본이 포츠담선언의 수락을 결정하는 데에는 원폭 투하가 중요했느냐, 아니면 소련의 참전이 중요했느냐 하는 점이다. 어쨌든 소련이 참전했다는 보고를 받고서 스즈키 수상과 토우고우 시게노리東鄕茂德[3] 외상이 전쟁을 빨리 끝내야만 한다고 생각하여 최고 전쟁 지도 회의를 열게 되었다. 회의는 포츠담선언을 수락하자는 주장과 조건을 붙여야 한다는 주장으로 나뉘어 결론을 내지 못했다. 그 와중에 나가사키에 두 번째 원폭이 투하되었다는 소식이 들어왔다. 결국 8월 9일 저녁 23시 50분에 어전 회의가 열려 이른바 천황의 성단聖斷이 내려졌다. 포츠담선언의 수락이 결정된 것이다.

그때 붙여진 조건은 "천황의 국가 통치의 대권을 변경하는 것을 포함시키지 않는다는 양해 아래 제국 정부는 위의 선언을 수락한다"는 것이다. 이 결정이 8월 10일에 연합국에 타전되었다. 연합국이란 미국, 영국, 중국, 소련 4개국이었다. 중국은 오랫동안 일본과 싸우고 있어서 일본의 항복에 매우 기뻐하여 바로 이걸 발표하였

---

3) 외교관, 정치가로서 태평양전쟁 개전 및 종전 시기에 외무대신을 역임했고, 스즈키 칸타로 내각에서 종전을 위해 노력했음. 그러나 종전 후 전쟁 개전의 책임이 물어져 A급 전범으로 금고 20년을 선고받고서 수가모 구치소에서 옥사함.

다. 뉴스는 라디오 방송으로 중국 전역에 퍼져나갔다. 지식인 쩡쩐 뚜어鄭振鐸의 회상에 따르면, 상하이는 환희 일색이었다고 한다. 그렇기 때문에 중국에서는 8월 10일을 일본이 항복한 날로 기억하고 있다.

미국은 일본의 회답을 검토한 결과, 천황은 연합국 최고사령관에게 종속할 것과 일본의 정체政體는 "일본 국민의 자유롭게 표명한 의사에 따라 정할" 것을 집어넣은 회답을 8월 11일에 타전하였다. 이것을 받고서 일본에서는 여러 차례 검토를 한 뒤에 8월 14일에 먼저 임시 각의를 열고 오전 10시 59분부터 어전 회의, 그리고 13시부터 다시 각의를 열어 어전 회의의 결정대로 포츠담선언을 수락한다는 최종 결정을 내렸던 것이다. 이 결정에 근거하여 바로 종전 칙서 문안이 기초되었다. 그게 만들어진 밤 23시에 천황은 여기에 서명하였다. 포츠담선언을 수락한다고 하는 결정은 바로 연합국에 타전되었다. 그렇기 때문에 일본이 최종적으로 항복한 날은 8월 14일이었다. 이 전보가 타전되었던 것은 워싱턴 시간으로는 14일 오전 9시. 이때부터 10시간 뒤에 일본이 타전한 것을 미국이 받아서 확인하고 최종적으로 트루먼이 일본 항복을 발표한 것은 워싱턴 시간 8월 14일 오후 7시였다. 일본 시간으로는 8월 15일 오전 9시. 워싱턴 시간 오후 8시에 백악관 앞에 사람들이 모여 환희의 소리를 마구 내질렀다. 이렇듯 미국은 8월 14일에 일본의 항복을 확인했던 것이다.

일본에서는 8월 15일에는 어떤 일이 벌어졌을까? 전날부터 이날 중대 발표가 있을 것이라고 미리 예고하였지만, 8월 15일 아침 7시에는 천황의 육성 방송이 정오에 있을 것이라는 발표가 있었다. 그리고 12시에 육성 방송이 흘러나왔다. 그것은 8월 14일에 나온 조서를 천황이 낭독한 것을 녹음했던 것이다. 그렇기 때문에 8월 15일은 종전일이라기보다는 일본 국민이 육성 방송을 들은 날이었다.

이 육성 방송은 NHK방송을 통해 일본과 한반도, 타이완에도 흘러나갔다. 오키나와에도 전파는 갔지만 아직도 전쟁이 계속되는 상황이었기 때문에 오키나와에서 8월 15일의 방송은 의미가 없었다. 오키나와를 제외한 일본, 그리고 한반도와 타이완에 육성 방송은 전달되었다. 곧 일본인과 조선인, 타이완인은 이때 천황의 방송을 듣고서 전쟁이 끝난 걸 알았던 것이다. 8월 15일이란 이 천황의 방송으로 일본인과 조선인, 타이완인이 연결된 날이다. 일본이 정식으로 항복 문서에 조인했던 것은 9월 2일이다. 소련군과는 8월 15일 이후에도 전투가 이어져, 소련에서는 9월 2일 항복 문서에 조인한 날이 종전일이다. 곧, 소련에서는 8월 15일이 전혀 문제가 되지 않는다.

그렇기 때문에 일본이 항복한 날은 미국에게는 8월 14일, 중국은 8월 10일, 소련에게는 9월 2일이었다. 8월 15일은 일본인과 조선인, 타이완인에게만 일본이 항복한 날로 의미가 있는 것이다.

종전조서

종전조서는 잘 알고 있겠지만 조금 더 살펴보도록 하자.

"짐은 깊게 세계의 대세와 제국의 현상을 보고서 비상 조치로써 시국을 수습하려고 이에 충량忠良한 그대 신민에게 고하노니, 짐은 제국 정부로 하여금 미영중소 4국에 대해서 그 공동 선언을 수락하는 취지를 통고하였다."

이 첫 부분이 가장 중요하다. 포츠담선언을 수락한다고 서술하지 항복했다고 쓰지 않은 것이었다. 다음으로 전쟁에 대한 변명이 씌어 있다. 요컨대, 신민의 행복을 꾀하고 세계 모든 나라가 공존 공영할 것을 생각한다고 하는 게 선조 이래의 천황의 유훈이고 자신도 그걸 지키려고 해왔다. 미국과 영국 두 나라에게 선전 포고했던 것도 "제국의 자존과 동아시아의 안정"을 원했기 때문으로, 결코 다른 나라의 주권을 배제한다든지 영토를 침탈하는 게 자신의 뜻은 아니었다. 이렇게 변명한 뒤에 전황의 악화를 설명하고 있다.

"짐이 육해 장병의 용전勇戰, 짐이 국가 관리(百僚有司)들의 여정勵精[4], 짐이 일억 백성(衆庶)의 봉공으로 최선을 다해왔지만, 전국戰局이 반드시 호전되지 않았다."

육해군 장병, 그 다음에 관리들, 그리고 일억 백성이 봉공하여 여러 가지로 최선을 다해도 전황은 호전되지 않았다.

---

4) 마음을 가다듬어 성의껏 힘씀.

"적은 새롭게 잔학한 폭탄을 사용하여 빈번하게 무고한 백성을 살상하고, 참화가 미치는 바를 진정 헤아리지 못하는 곳에 이르렀다. 그래도 교전을 계속하다가는 마침내 우리 민족의 멸망을 초래할 수 있을 뿐만 아니라, 더 나아가서 인류 문명도 파멸시킬 수 있다. 이에 짐이 어떻게든 억조億兆의 백성(赤子)을 보전하고 황조 황종의 신령에게 사죄하노라."

이대로 가면 멸망하게 될 것이기 때문에 이 1억 백성을 지킬 수 있을까, 선조에 대해 어떻게 사죄할 길이 있을까 하여 포츠담선언을 수락하였다고 서술하고 있다. 여기서 "억조의 백성"이란 1억 신민을 가리킨다.

'1억' 신민은 전쟁을 시작할 때부터 말해왔다. "1억 총궐기(總決起)"라든가 "1억 일심"이라고 말해오다가, 최후에는 "1억 옥쇄"가 된다. 그 1억 신민의 내역은 어떠한 것일까? 쇼와 15(1940)년의 국세조사를 보면 일본 본토에는 7311만 명, 한반도에 2433만 명, 타이완 섬에 587만 명, 기타 간토 주 등에 300만 명, 총계 1억500만 명이 일본 신민이었다. 일본 본토에는 일본인만이 아니라 이미 조선인도 많이 살고 있었고, 한반도에도 일본인이 살고 있었다. 1억 명의 전사戰士 중의 7할은 일본인이었고, 2.5할, 곧 4명 중의 1명이 조선인이었다. 즉 그 전쟁은 일본인과 조선인이 일체가 되어 싸운 전쟁이었다. 조선인에게 함께 싸울 것을 강요한 전쟁이었다. 그게 이 조서에서도 확인되고 있다.

"짐은 제국과 더불어 시종 동아시아의 해방에 협력해온 여러 맹방에 대해 유감의 뜻을 표하지 않을 수 없다." 이건 대동아 공영권의 나라들에 대해 말하고 있는 것이다. "제국 신민으로서 전쟁터에서 죽고 일터(職域)에서 순직하여 비명에 죽은 자 및 그 유족을 생각하면 오장이 찢어진다." 살아남은 자들도 앞으로는 힘이 들 거라는 것도 알고 있다. 그러나 바라는 건 다음과 같은 것이다. "짐은 시운의 추세에 따라 감당하기 어려운 걸 감당하고, 인내하기 어려운 걸 인내하여 만세를 위해 태평을 열기 바라노라."

이 부분은 유명한 부분이지만, 무얼 말하고 있는지 잘 알 수 없다. 사실 여기는 원안을 쓴 내각 서기관장 사코미즈 히사쓰네迫水久常[5]가 특별한 생각을 가지고서 "영원한 평화를 확보할 것을 기대한다"라고 썼던 부분이다. 즉 감당하기 힘든 걸 감당하고 인내하기 힘든 걸 인내하여 영원한 평화를 확보하라고 천황이 말하도록 해야겠다고 사코미즈 히사쓰네는 생각했던 것이다. 전쟁을 하는 천황으로부터 평화를 바라는 천황으로 전환시키려고 했던 것이다. 하지만 이 부분은 한학자 야스오카 마사히로安岡正篤[6]에 의해 송나라 말기의 유학자 장횡거張橫渠의 말을 빌려와 "만세를 위해 태평을 열기 바라노라"로 고쳐지게 되었다. 그러나 이 부분에 핵심이 있다.

종전조서는 마지막에 "짐은 이에 국체를 호지護持할 수 있고, 충량

---

5) 대장성 관료, 정치가로서 천황의 육성 방송을 기초한 사람 중 한 명으로 알려지고 있음. 내각 서기국 국장, 종합계획국 장관, 귀족원 의원 및 중의원 의원, 경제기획청 장관 등을 역임함.

6) 양명학자, 사상가로서 전통적 일본주의를 옹호하고, 천황의 육성 방송, 즉 종전조서의 초안에 대해 가필해 완성한 것으로 알려짐.

한 너희 신민의 진정(赤誠)에 의지(信倚)하여 항상 너희 신민과 함께 있겠노라"라고 하고 있다. 이렇게 말함으로써 매우 신중하게 행동해달라, 길은 멀지만 열심히 노력해주기 바란다, 그리고 "국체의 정화精華를 발양하고 세계의 진운進運에 뒤떨어지지 않기를 기대한다. 너희 신민이 이를 극복하고 짐의 뜻을 새기도록 하라." 이것이 내 뜻이다. 1억 신민인 당신네들이 나의 이러한 뜻을 이해해주기 바란다는 문장이 마지막에 붙어 있다.

어쨌든 이 조서에서 천황은 국체 호지[7]를 천명하고, 자신에 대한 충성심도 기대한다고 말하고 있다. 천황의 백성이라는 점은 일본인이나, 조선인, 타이완인 모두가 똑같다는 견해도 제시되고 있다. 그때까지와 거의 변함없이 천황 중심의 사상을 제시하고 있다. 그러나 동시에 평화주의를 내걸고 있다. 사코미즈 서기장의 "영원한 평화를 확보하길" 바란다는 생각이 한문을 전거로 "만세를 위해 태평을 열기 바라노라"라는 표현으로 서술되어 있다.

이 천황의 말을 들은 국민의 반응은 기본적으로 좋았다. 국민은 일찍 전쟁을 끝냈으면 하는 분위기였기 때문에 천황의 말로 전쟁이 끝나서 진짜 좋았던 것이다.

---

7) 국체 호지國體護持란 천황제의 국가 체제를 옹호하고 지킨다는 의미.

한반도와 타이완의 8 · 15

조선인은 어떠했을까? 조선인은 황국 신민이 되어 있었다. 36년 동안 식민지 지배 아래 있었기 때문에 전쟁의 행동대로 일본인과 더불어 전쟁을 치렀다. 모든 전쟁터에서 조선인은 일본인과 함께 싸우고, 포로 수용소의 간수도 되고, 함께 원폭 피해도 입었다. 그러한 여러 일을 겪으면서 그 중에는 황국 신민이 되어 일본인과 함께 패전의 충격을 받은 사람도 있었다. 그러나 조선인으로서 일본의 전쟁을 위해 일하는 것은 참을 수 없이 싫은 일이라고 생각하는 사람들이 많았다. 따라서 조선인은 8월 15일에 천황의 방송을 듣고서 처음 세 줄만으로도 기뻐서 벌떡 일어났다. 일본이 포츠담선언을 수락했다는 소리를 듣자마자 일본이 전쟁에 졌다, 한반도는 해방되었다고 하여 엄청난 기쁨이 터져나왔다. 한반도 전역에서 8월 15일 방송은 대단한 열광을 불러일으켰다.

조선총독부의 엔도우 류사쿠遠藤柳作 정무총감은 소련군이 북한에 들어온 걸 알고 있어서 언제 소련군이 서울에 들어올까 대단히 두려워하고 있었다. 그는 도망칠 준비를 하면서, 온건한 민족주의자로 경력이 있는 여운형呂運亨에게 사람을 보내어 수습을 의뢰하였다. 머잖아 자신의 권력은 없어질 것이기 때문에, 어떻게든 일본인의 안전을 보장해주기 바란다고 부탁했다. 여운형은 자신의 의뢰에 따라 무엇인가를 하려면, 모든 정치범을 석방하라는 조건을 내걸었다. 엔도우가 이에 따르자, 서울에는 8월 15일부터 16일에 걸쳐서

부산항에 내린 일본에서 귀향한 조선인.
《〈고향으로 — 제국의 해체 · 미군이 본 일본인 및 조선인의 귀향〉》

정치범 전원이 석방되었고 평양에서도 16일에 정치범이 석방되었
다. 한반도 전역에서 정치범이 석방된 것이다.

8월 15일에 여운형은 건국준비위원회를 결성하여 위원장에 취
임하였다. 부위원장은 온건한 민족주의자 안재홍安在鴻이 맡았다.
안재홍은 16일에 라디오 방송에서 조선인에게 질서를 유지하고 건
국을 위해 준비하라고 연설하였다. 이미 한반도는 그런 체제에 들
어선 것이다. 17일에는 평양에서도 평안남도 건국준비위원회가 결
성되었다. 중심에 선 것은 한반도의 간디라 불렸던 기독교 장로 조
만식曹晩植이었다. 이 조직에는 그와 뜻을 같이 하던 공산주의자도
들어와 있었다. 소련과도 협력해야 했기 때문에, 공산주의자도 함

께 해야만 해서 그렇게 조직이 구성된 것이다. 소련군은 8월 26일에 평양에 들어와 평안남도 건국준비위원회에 대해서 당신네 조직과 조선공산당 평안남도 위원회가 대등하게 합쳤으면 하고, 그렇게 한다면 행정을 위임할 것이라고 제안하였다.

서울 쪽에서는 9월 6일에 전국 인민 대표자 회의가 열려 조선인민공화국의 수립을 선언하였다. 이것은 졸속인 느낌이 없지 않다. 대단히 급했던 건 이날 미군이 서울에 진주했기 때문이다. 그 전에 조선인민공화국을 수립하고 이것을 기정 사실로 미국에게 인정받으려 했던 것이다. 그러나 발표한 인사에는 귀국하지 않은 사람도 많았으며, 그다지 좋은 행동 방식이라는 생각이 들지는 않는다. 결국 조선인민공화국은 실패로 끝난다. 미군은 9월 20일에 미 군정청을 발족시켜 38선 남쪽에는 군정을 실시한다.

그렇다면 타이완은 어떠했을까? 타이완인의 움직임은 대단히 완만했다. 타이완의 문학자 우주어류吳濁流의 《새벽 전의 타이완》(社會思想社, 1972)이라는 책이 있다. 그걸 보면 8월 15일의 라디오 방송을 잘 듣지 못했다고 씌어 있다. 타이베이까지 가서야 겨우 일본이 항복했다는 걸 알았다. 8월 16일에 그는 타이베이에서 일본이 항복했다는 호외를 받았다. 그러나 마을은 대단히 조용했다. 타이완인은 기쁨을 표현하는 걸 두려워했다. 어떻게 표현하면 좋은지 알지 못했다. 점점 날짜가 지나자 기뻐하게 되었고 삼민주의 모범 성省을 건설하자는 슬로건이 내걸렸다. 청년들은 삼민주의 청년단을 조직하여 치안을 돌보았다. 그리고 비로소 중국어 신문이 발행되었다. 8

월 15일 이후에 타이완에서 일어난 가장 눈에 띈 움직임은 한문 학습회, 중국어 학습회가 시작된 것이었다. 타이완은 완전히 일본어화되어 있었기 때문에 일본으로부터 독립하게 되자 중국어 공부를 시작했던 것이다. 사람들이 중국인으로 되돌아오는 데에는 시간이 걸렸다. 타이완인은 조용히 본토로부터 중국군이 도착하길 기다리는 자세였다. 그러나 10월 5일에 본토에서 온 건 대단히 난폭한 국민당 군대였다. 거기에서 타이완에서 비극이 벌어진다. 이렇게 타이완의 상황은 한반도와는 대단히 대조적이었다. 타이완의 상황은 오히려 일본에 가까웠는지 모르겠다.

그날의 일본인과 조선인

그렇다면 일본인은 어떠했을까? 그리고 일본에 있던 일본인과 조선인의 관계는 어떠하였을까?

일본인의 반응 중에서 격렬한 것은 통곡하는 것이었다. 내 처의 아버지는 시골 의사로, 시골 익찬翼贊 조직에서 간부로 활동하였다. 전후에는 공산당에 가까워졌지만, 이 분은 8월 15일 천황의 육성 방송을 들었을 때 소리 높여 통곡했다. 그런 사람도 어느 정도는 있었을 것이다. 그러나 더 많은 사람은 망연자실했을 거라고 생각한다. 그러나 남모르게 안도했던 사람도 상당히 많았을 것이다. 공습이 있는 지역에 살고 있던 사람은 이제 공습이 없어지고 불도 켤 수 있게 되었구나 하고 생각하였다.

대단히 기쁘다, 공공연히 기뻐한 건 소수의 인텔리였다. 미츠비시 경제 연구소에 우노 코조宇野弘藏[8]라는 고명한 경제학자가 근무하고 있었다. 우노 씨는 전쟁 중에 도호쿠東北대학에서 쫓겨나 이 연구소에 있었던 것이다. 8월 15일에 우노 씨는 기뻐서 참지 못하고 연구실에서 우우~ 하고 소릴 질렀다. 큰 소리였을 것이다. 몇 방을 사이에 두고 이노키 마사미치猪木正道[9]의 연구실이 있었다. 그는 러시아혁명에 관한 책도 썼고 뒤에 보에이防衛대학 학장이 되었던 리버럴이었다. 그렇지만 아무래도 전쟁에 진 걸 그렇게 기뻐하는 건 눈을 뜨고 볼 수 없다고 분노하였다. 일본인으로 대단히 기뻐한 건 우노 코조 같은 특별한 사람들뿐이었다. 보통 사람은 그렇게 기뻐하지 않았다고 생각한다.

하지만 그처럼 크게 기뻐한 사람을 포함해, 그때 일본인은 대단히 활발하지 못했다. 왜냐하면 천황제 국가가 전혀 변하지 않은 것이다. 정부가 전쟁을 시작하고 정부가 전쟁을 끝냈다. 특고特高 경찰

---

8) 일본에서 가장 영향력이 강한 맑스주의 경제학자로, 그의 학파를 '우노 경제학'으로 지칭함. 1921년에 오하라사회문제연구소에 입소했고, 독일 유학 후 1924년부터 도호쿠제국대학에 근무하는 중 1938년에 인민전선사건에 연루된 적이 있음. 1941년에 도호쿠제대에서 추방되어, 일본무역진흥회, 미츠비시 경제 연구소 등에서 연구 활동을 지속한 후, 1947년 토쿄대학 사회과학 연구소 교수가 되고 49년 동 연구소 소장을 역임한 후 1958년에 퇴직함.

9) 정치학자로 전공은 정치 사상이고, 특히 안전 보장 문제에 손꼽히는 논객. 《러시아혁명사》를 집필하여, 소련에 대한 이해가 깊은 정치학자임. 그러나 소련의 독재 체제로 나아가는 맑스주의의 논리적 한계를 지적하는 등 사회주의에 대한 이해가 있는 정치 사상가 중에서도 반공적 색채가 강함.

도 그대로였다. 그래서 아무도 감옥에 갇혀 있던 정치범을 구하러 가려 하지 않았다. 한반도에서는 8월 15일과 16일에 모든 정치범이 석방되었다. 그러나 일본에서는 그런 게 없었다. 그래서 철학자 미키 키요시三木清[10]는 9월 25일, 전쟁이 끝난 뒤 1달 19일 뒤에 옥사한다. 옴에 걸려 죽은 것이다. 어느 한 사람 미키 기요시를 도우러 가지 못했다. 어떻게 되었나 보러갈 수도 없었다. 모두 두려웠던 것이다.

그러나 정치적으로는 쇠사슬로 묶인 상태로 움직이지 못했으나 역시 군부, 군인은 나빴다고 하는 분위기가 사회를 뒤덮고 있었다. 친천황적이자 반군적인 평화주의 분위기였다. 천황의 한 마디 말로 전쟁은 끝났다. 역시 나쁜 건 군인이었다. 군은 미쳐 있었다. 그 전쟁을 시작하고 일본 전역이 불바다가 되지 않았는가. B29가 매일 밤 침입해 공습하여도 일본 군대는 지켜내지 못했다. 우리는 전부 불타버리고 아무것도 남아 있지 않았다. 날이 갈수록 군대에 대한 반발이 강해져갔다.

9월 2일에 미주리호 함상에서 시게미츠 마모루重光葵[11] 외상이 항복 문서에 조인하였다. 9월 4일에 제국 의회가 전쟁 종결 뒤에 처음

---

10) 일본을 대표하는 철학자로 교토대학을 졸업한 뒤 독일과 프랑스에 유학하여 하이데거 등에게 교육을 받음. 귀국한 뒤에 맑스주의 철학과 니시다西田 철학을 연구했고, 1930년 치안유지법 위반으로 기소당함. 1945년 반전 용의로 다시 체포되어 옥중에서 사망함. 저서로 《《인생론 노트》》, 《《철학 노트》》 등이 있음.

11) 일본의 외교관으로 1945년 8월 세 번째로 외무대신이 되어 수석전권으로 항복 문서를 조인함. 전후에는 A급 전범으로 복역 후, 하토야마 내각에서 부총리 겸 외상을 역임.

소집되었다. 거기에 천황이 출석하여 칙서를 내렸다. 이 천황의 칙서는 8월 15일의 육성 방송 뒤의 제2성이다.

"짐은 종전에 따른 수많은 고난을 극복하고 국체의 정화를 발휘하여 신의를 세계에 베풀고 평화 국가를 확립하여 인류 문화에 기여하기를 바라며, 밤낮 진념陣念[12]을 멈출 수 없구나."

"평화 국가"의 확립을 바래어 밤낮으로 고민하겠다는 것이다. "이 대업을 성취하려면 밖으로는 맹약을 지키고 화친을 돈독히 하며, 안으로는 여러 분야의 건설에 힘을 기울이고 거국일치해……국본國本을 배양해야만 한다."

다음날 신문은 예외 없이, 천황이 우리의 나아갈 길을 보여주셨다, 그건 "평화 국가의 확립"이라고 쓰고 있다. 그러나 불가사의하게도 이것에 관심을 보인 사람은 거의 없었다. 당시 인텔리의 일기에서도 이것은 완전히 무시되고 있었다. 예외적으로 반응했던 건 토쿠토미 소호德富蘇峰[13]다. 소호는 천황은 틀렸다, 평화 국가의 확립이란 대체 무엇인가, 이제까지는 전쟁 국가였다고 할 참인가, 우리는 평화 국가를 향해 전쟁을 해온 게 아닌가 하고 쓰고 있다.

그러나 이 천황의 칙어가 '평화 국가'라는 말을 처음 쓴 것이었다.

---

12) 왕이 하는 근심과 걱정.

13) 메이지-쇼와기 평론가, 언론인으로서 쿠마모토 출신. 1887년에 민우사民友社를 설립해 〈국민의 벗国民之友〉이라는 잡지를 발행하여, 정부의 유럽주의를 비판하고 평민주의를 주창함. 그러나 청일전쟁을 전후해 황실 중심의 국권주의로 전향해 제국주의 노선을 옹호. 1946년부터는 모든 공직에서 물러남.

물론 천황의 이 말은 궁내성의 누군가가 쓴 것이다. 궁내성에서는 천황의 전쟁 책임을 회피하기 위해 천황을 평화를 바라는 이로 보이게 했던 것이다. 그건 국민의 분위기와 맞아떨어졌다. 1946년 원단元旦의 덕담 앞부분에는 모든 이들이 평화에 관해서 쓰고 있다. 나는 초등학교 2학년이었는데, '태평의 봄'이라고 썼다. 초등학교 6학년이었던 황태자, 지금 천황은 '평화 국가 건설'이라고 썼다. 쇼와 천황에게 '평화 국가'라는 슬로건은 자신의 생명을 연장하기 위한 슬로건이었는지 모른다. 그러나 초등학교 6학년생인 황태자에게 '평화 국가 건설'이란 건 이거야말로 사는 길이었고 이제부터 일본이 나아갈 길이었다.

그런데 일본의 조선인은 본국 조선인과 달리, 처음에는 경계하고 있었다. 매우 기뻐해서는 위험하다고 생각했을 것이다. 오구마 에이지小熊英二와 강상중姜尙中 씨가 쓴 《재일 1세의 기억》(集英社新書, 2008)이란 책이 있다. 전체적으로는 흥미로운데, 이 가운데 〈3·1 독립선언〉이란 장에서 소개한 역사가 강덕상 씨의 회상을 보자. 이 황국 소년에게 8월 15일은 쇼크였다. 그는 소개疏開되어 있던 미야기현 사누마佐沼중학에서 부모가 소개된 이와테현 리쿠젠타카타陸前高田로 향했다. 8월 17일 저녁 8시 경 역에 도착하였다. 마을은 진짜 깜깜했지만, 역에서 5분 정도 거리에 있던 본명 윤尹 씨, 일본 이름 기야마木山 씨 집만 밝았다고 한다. "거기만 타카타 마을의 지도에서 떨어져 나온 것처럼, 휘황하게 불을 밝히고 와~와~ 마시며 노래하며 북을 치고 놀고 있었다. 이 조그만 마을에 조선인이 이렇게 많이 있었는가 생각할 정도로 많이 모였는데, 아버지도 거기에 계셨다. 나는 거기에서 살면서 처음 태극기를 보았다." 사람들은 일장기를 가지고 와서 거기서 파란색을 칠하고, 사괘를 그려넣어 태극기를 만들고 있었다. "사람들이 이 깃발을 흔들면서 '대한 만세!' '독립 만세!'를 외치는 모습을 어리둥절하게 보고 있었다. 나는 그 기뻐하는 사람들의 무리 속으로 들어갈 수 없었다."

대단히 인상적인 광경이다. 즉, 패전으로 침울했던 일본인 마을은 쥐 죽은 듯 조용했지만, 그 가운데 조선인 집만이 기쁨에 들떠 있었던 것이다.

조선인은 경계심을 내팽개치고 독립의 기쁨을 폭발시켰다. 그리고 곧이어 우리의 지도자가 감옥에 있으니 구출하자고 하여, 9월이 되면 조선인들이 형무소를 찾아 차입 등을 하기 시작하였다. 일본인 공산주의자도 돕자는 활동도 나타났다. 10월 10일에 점령군의 명령으로 겨우 정치범은 석방되었다. 전쟁이 끝나고 두 달 지나서였다. 그때 토쿄의 토요다마豊多摩 형무소에 있던 데라오 고로寺尾五郎가 나오자, 비옷을 입고 뜨거운 차를 대접하고 야윈 엉덩이 밑에 시트를 펴서 위로해준 사람들은 모두 조선인이었다. 후추府中의 형무소에는 도쿠다 규이치德田球一 등이 있었다. 거기에 400여 명이 출영을 나갔는데, 그 대부분은 조선인이었고, 일본인은 20~30명에 불과했다. 그해 10월 10일에 시바타무라쵸[14]의 히코우칸飛行館에서

14) 지금의 토쿄 신바시新橋 일대를 가리킴.

결성 무렵의 재일 조선인 연맹의 데모. 1945년 10월 15일 GHQ 앞.(《조선 해방 1년》)

자유 전사 출옥 환영 인민대회가 열렸다. 2000명이 모였는데, 거의 대부분이 조선인이었다는 설과 절반 이상이 조선인이었다는 설이 있다.

10월 15일, 16일에는 히비야日比谷 공회당에서 재일 조선인 연맹朝連이 결성된다. 전국에서 5000명의 대표자가 모였다고 한다. 전쟁이 끝난 지 두 달만에 전국에서 5000명이나 되는 대표자가 모여 자신들의 조직을 만든 것이다. 얼마나 조선인이 적극적이었는지 알 수 있다. 일본인과는 완전히 대조적이다.

이 대조적인 양자가 나란히 교차하면 어떻게 될까? 작가 다카미 준高見順은 《패전 일기》를 출간하였다. 8월 15일에 다카미는 토쿄로 나가서 문학보국회文学報国会의 이사회에 출석한다. 거기에서 콘 히데미今日出海[15]와 함께 오사라기 지로大佛次郎[16]에게 가려고 카마쿠라鎌倉로 돌아왔다.

그런데 카마쿠라역에 군중이 웅성대고 있었다. 술이 취한 노인이 조선인 젊은이와 싸우고 있었다. 젊은이는 경찰에게 가자고 으름장을 놓고 있었다. 타카미는 "오늘 발표에 따르면, 한반도는 일본으로부터 해방되었다. 술주정을 부린 것도, 상대방에게 으름장을 놓는 것도 혐오스러웠다"라고 적고 있다. 술주정이 원인이 되었기 때문에 조선인 청년은 우리는 이제 바보 같은 존재가 아니라고 생각해 경찰에게 가자고 했던 것이다. 그게 어딘가 으름장놓는 것으로 보이고, 조선인 청년이 한심한 일본인 주정뱅이를 괴롭히고 있다는 느낌을 타카미 준 같은 사람마저 가졌던 것이다. 타카미 준이란 사람은 그날 일기에 "2년 전에 버마[17]에 보도대원報道隊員으로 갔었다. 그게 생각났다. 버마는 어떻게 될까? 버마에게는 아무쪼록 독립이 허락되길 바란다. 나는 버마를 사랑한다. 버마인을 사랑한다. 일본이 어떠한 모습이 되더라도 동양은 해방되어야 한다. 인류를 위해 해방되어야 한다"고 쓰고 있을 정도다. 그런 사람이 일본인과 조선인 사이의 다툼을 보자 왠지 석연치 않고 싫은 감정을 갖기에 이른

---

15) 소설가, 평론가로 초대 문화청 장관을 지냄.

16) 작가, 소설가로 본명은 노지리 키요히코野尻清彦.

17) 지금의 미얀마.

것이다.

오사라기 지로도 일기를 남겼다.《오사라기 지로 패전 일기》(草思社, 1995)다. 오사라기 지로는 정부에 가까워 뒤에 히가시쿠니東久邇 내각의 고문이 된 사람이다. 그는 8월 16일자 일기에서,《아사히 신문》에서는 "같은 장소에 모여서 천황의 발표(大詔)를 듣고서 우는 자가 많았다"든지, 참모본부에서 할복한 사람이 속출했다고 쓰고 있지만, 뜻밖에 "조선인의 난폭함, 식료 탈취의 위기 등에 사람들은 겁먹고 있다"고 쓰고 있다. 일본인이 위기에 직면했을 때 조선인이 혼란과 폭력을 행사할 것이라는 소문이 돈 건 간토대지진関東大震災 때와 똑같다. 이것도 특징적인 반응이다.

그런데《세카이世界》는 패전 10년 뒤에 〈나의 8월 15일〉이란 수기를 모집하여 1955년 8월호에 가작 10편을 게재하였다. 그 가운데 2편이 조선인을 다루고 있다. 둘 다 부정적이고 반발 심리가 크다. 은행원이었던 22세의 키타야마 미네北山みね는 이렇게 쓰고 있다.

"우리 직장이던 은행에도 시대의 파도가 밀려왔다. 먼저 조선인 집단이 밀어닥쳐 귀국 표를 내놓으라고 행패를 부렸다. 나에게도 은행 앞에서 느닷없이 조선어로 말을 해 자기 나라 사람으로 착각한 것 아닌가 깜짝 놀랐는데, 그들은 모두 일본어로 말할 수 있었지만 일부러 모국어를 사용했던 것처럼 보였다."

조선인이 조선어로 말하는 것을 일본인을 바보로 여기는 것처럼 생각하고 있다. 산 속의 지하 공장에서 일하다가 나고야에 짐을 가지러 갔던 미야자와 신코宮澤信子라는 당시 18세의 소녀도 이렇게 쓰고 있다.

"짐을 싼 행장을 짊어지고 전차 타는 곳에 서 있던 우리들에게 갑자기 눈에도 선한 조선 옷을 입은 한 무리가 밀려왔다. 그들의 마츠리 같은 복장은 흘끗 보아 불타버린 들판에서 묘하게 번쩍번쩍 빛나는 것 같았다. 조선어로 한꺼번에 떠들면서 까르르 웃고 자지러지는 그 분위기는 분명히 우리를 화제로 삼아 비웃고 있는 것으로 느껴졌다. 왜 그런지 나는 이해하지 못했지만, 전차가 달려오자 그들은 타지 못한 우리에게 손을 흔들면서 '독립, 독립 만세'라고 일본어로 소리치며 껄껄 웃었다. 독립, 무언가 직감하는 게 있어서 나는 왠지 얼굴이 굳어져갔던 것이 기억난다."

조선인이 독립했다고 기뻐하고 있다. 조선 옷을 입고 조선어로 말하고 조선어 노래를 부르고 있다. 그걸 보자 의기소침해서 어찌 할지 모른 일본인은 압박받는 거 같이 느끼고, 바보 취급당한 것처럼 느끼기에 이른 것이다. 제대로라면 조선인들이 독립해서 이리 기뻐한다면, 그들이 지금까지 얼마나 고생했는지 이해할 수 있다. 일본인으로서는 그렇게 생각해, 미안했다, 독립해서 잘 되었다. 그러니 이제부터는 사이좋게 살아갑시다 하고 생각했어야 할 것이다. 그러나 그런 마음으로는 나아가기 대단히 어려웠다. 국민은 갑자기 그런 사고방식으로 변하지 않은 것이다. 국민이 변하기 위해서는 문제를 국민에게 제기하여 의식 개혁을 촉진할 안내자가 필요하다. 조선을 잘 알고 있고, 조선인의 기분도 알고 있고, 식민지 지배라는 것이 어떤 것이었는지 잘 이해하고 있는 지식인이 국민을 향하여

문제를 설명하고 새로운 생각으로 헤쳐나갈 수 있도록 제기했어야
했다. 전후 일본에 그런 지식인이 있었는가 여부가 문제였다.

일본 지식인의 조선론

잡지《세카이》는 전후 일본의 대표적인 잡지였다. 처음에는 온건
한 잡지였다. 그런데《세카이》창간 5호째인 1946년 5월호에 마루
야마 마사오의 〈초국가주의의 논리와 심리〉라는 유명한 논문이 실
렸다. 천황제 국가를 해부하여 그로부터 결별하려는 대표적인 논문
이다. 이 논문이 실린 같은 호에 스즈키 타케오鈴木武雄의 〈조선 통치
의 반성〉이 실렸다. 스즈키 타케오는 경성제국대학 교수로 맑스주
의 재정학자다.

이 논문은 "조선의 분리는 슬퍼해야 할 일인가"라고 물은 뒤에 다
음과 같이 답하고 있다. "조선의 이러한 영토적 분리를 단순히 커다
란 손실이라고 생각하는 것만큼 군국주의적이고 제국주의적인 사
고방식은 없다.……조선이 일본의 영토인가 아닌가에 구애받지 않
고 조선 민족과 일본 민족의 심적인 결합이 실현될 수 있다면……
이 이상의 행복은 없다고 믿어 의심치 않는다. 아니, 그보다는 오늘
날까지 일본과 조선 두 민족의 심적인 결합을 방해하고 있던 최대
의 장애물은 일본의 영토 지배였다고 해야 할 것이다."

이 부분은 문제가 없는 것처럼 보이지만, 이 사람은 일본이 한반

도를 병합하고 영토로 삼았다고 하는 사실을 가볍게 생각하는 건
아닐까. 영토로 삼았기 때문에 대화할 수 없었다고 말하는데, 병합
은 누가 원했던가 하는 것이다. 스즈키 씨는 "조선 통치의 성격과 실
적에 대한 우리 쪽의 심각한 자기 반성"이 필요하다고 쓰고 있지만,
그 내용은 '내선 일체', '황민화' 방침이다. 조선인과 일본인을 일시
동인一視同仁의 차별 없는 신민으로 취급하려는 사고방식은 한편으
로는 "일본인과 조선인을 전적으로 평등시하고 일본인의 우월적 차
별대우 또는 차별 감정을 극복"한다는 "이상주의적인 성격"을 가지
고 있었다. 그러나 다른 한편으로는 "지나친 경찰 정치", "과도한 동
화 정책"(황국 신민의 서사의 제창, 창씨개명)이 있었다. 그래서 결국 후
자의 지나친 부정적인 측면이 전자의 양심적인 전진적 측면을 저
해하여, 결과적으로는 "전면적인 실패"로 끝났다. 이게 스즈키 씨의
'반성'의 내용이다. 왜 그런 방침이 취해졌느냐 하면 "조선인 대다
수가 만주사변, 특히 중일전쟁 이래 일본인으로서의 운명 공동체라
는 의식이 농후해지고 애국심 앙양이 현저해졌기 때문"이라고 설명
하였다. 스즈키 씨는 경제적인 측면에서는 한반도 경제가 일본 통
치 아래서 경이적으로 약진했다고 하면서 이건 "앞으로 일본인 대
신에 자주적으로 한반도 경제를 지배하게 될 조선인에게 분명하게
행복한 자산"이라고 주장하였다. "일본의 한반도 지배가 본질적으
로 제국주의적이었던 것은 솔직하게 인정해야 하지만, 그러나 일체
를 공식적으로 간단히 정리해버리는 건 오히려 양심적인 반성이 되
지 않는 경우가 많다."

결국 스즈키 씨의 반성은 제국주의자의 방법에 대한 반성이었지, 제국주의 그 자체의 반성은 아니었다. 동화주의에 대한 반성에 지나지 않는다. 놀랄만한 건 창간부터 4년 동안, 즉 1946년부터 1949년까지 《세카이》에 실린 한반도 문제에 관한 논문은 스즈키의 이 논문 하나뿐이었다는 사실이다. 이 스즈키의 논문에 대한 의견이나 비판 등 관련 논문도 전혀 없다. 〈세계의 조류〉라는 난에서 한반도 정세에 관해 두 차례 다뤘을 뿐이다. 나는 1966년에 이 사실을 알고는 경악하였다. 스즈키 타케오는 전후에 토쿄대학 경제학부 교수가 되었지만, 전전에는 총독부에 협력하여 조선인을 황국 신민화하는 데 적극적으로 관여했던 인물이었다. 때문에 그가 전후에 일본 국민을 인도할 지식인이 될 수는 없었다.

그런 지식인이 될 수 있는 사람이 전혀 없는 건 아니었다. 그것은 누구인가? 야나이하라 타다오矢內原忠雄다. 야나이하라 씨는 전전에 일본 제국주의 연구의 1인자였다. 명저 《제국주의 아래의 타이완》이 1929년에 나왔다. 또 그는 무교회파 기독교도로서 한반도의 기독교도와 깊은 교류를 갖고 있었다. 1937년에 그는 토쿄제국대학 교수직에서 쫓겨나지만, 서울에 가서 김교신金敎臣[18]의 집에서 5일에 걸쳐 로마서 강의를 했다. 야나이하라 씨는 1946년 9월에 전쟁 말기에 금지당했던 개인 잡지 《카신嘉信》를 복간하여 거기에 1945

---

[18] 일제 강점기 조선의 독립 운동가로서 무교회파 기독교 사상을 펼친 종교인, 사상가. 토쿄 고등사범학교 지리과를 졸업했는데, 유학 당시 일본 군국주의에 반대하고 성서 중심의 무교회주의를 주창하던 우치무라 간조우內村鑑三의 사상에 특히 큰 영향을 받음.

년 4월에 병으로 죽은 친구 김교신에 관하여 〈김교신을 회상한다〉라는 글을 싣고 있다.

"나타나엘이 진정한 '이스라엘'이라고 불리듯이, 김교신은 진정한 조선인이었다. 그는 조선을 사랑하고 조선 민족을 사랑하고 조선어를 사랑하였다. 더불어 그의 민족애는 고루한 배타적인 민족주의와는 달랐다." "김교신의 소천召天은 정확히 새로운 조선의 정초식定礎式이었다. 그가 급서한 뒤 4개월이 채 지나지 않아 시국이 수난受難해지고 조선은 자유로운 독립국으로 갱생할 기운을 맞이했다. 그러나 참되게 나라를 세우는 건 제3국에 의한 군사적, 정치적 해방은 아니다. 이 국민 자신의 신앙에 의하여 해방되어야 하는 것이다.……의로운 나라로서 조선을 흥하게 하는 힘은 그가 말씀으로 전한 예수 그리스도의 복음 이외에는 없다."

여기에 야나이하라 씨의 특징이 잘 드러나 있다고 생각한다. 야나이하라 씨는 1937년에 전쟁 반대 사상 때문에 토쿄제국대학에서 추방당했다. 전쟁이 끝나자 토쿄대학 쪽은 다시 되돌아오라고 요청했지만, 야나이하라 씨는 돌아가지 않았다. 자신은 신앙인으로, 기독교도로 살아왔기 때문에 이제는 그 신앙을 살려서 살아가고 싶다고 대답하였다. 한반도가 독립하여 튼튼한 나라가 되려면 기독교의 신앙에 의존해야 한다고 했던 것처럼, 야나이하라 씨는 일본이 앞으로 부활하기 위해서도 기독교 신앙에 의존해야 한다고 생각했던 것이다. 결국 당시 일본 군국주의의 패배를 기독교의 승리라고 보았던 것이다. 1945년 10월 말에 나가노현 기소후쿠시마木曾福島에서 〈일본 정신의 반성〉이란 강연을 했는데, 일본 정신의 문제는 한반도에서 더 심각하게 나타났다고 지적하고 있다. 한반도에서 신사참배가 강요되고, 이에 따르지 않는 기독교 교회는 파멸당했다. "그 결과 일본의 한반도 통치는 폭정이고 인간의 자유, 신앙의 자유를 유린하는 것으로 세계에 널리 알려졌다"는 것이다. 기독교를 부정했던 건 일본과 한반도 모두에서 문제를 일으켰다. 따라서 일본 정신을 폐기하고 기독교를 채용해야만 한다는 게 야나이하라 씨의 생각이었다.

토쿄대학으로 돌아가지 않겠다고 야나이하라 씨가 말해도 토쿄대학 쪽에서는 물러서지 않았다. 그래서 야나이하라 씨가 조건을 내걸었다. 이제부터는 두 직업을 계속 겸하겠다. 신앙을 전파하는 것과 토쿄대학 교수가 되는 것, 둘을 다 하겠다는 것이다. 만약 둘이 모순된다면 교수직을 그만두겠다고 말하자, 경제학 부장이 그렇게 하시죠라고 답해 야나이하라 씨는 토쿄대학에 되돌아가게 되었다. 그렇다면 어떤 이름으로 강의를 할까? 그는 이전에는 '식민 정책론'을 강의했다. 야나이하라 씨는 "식민 정책론이라는 명칭도, 나는 식민지가 없어졌으니 식민 정책도 없어졌다, 그래서 식민 정책론 강좌를 국제 경제론이란 강좌로 바꾸었다"라고 말하고 있다. 일본은 식민지 지배를 해왔던 것이다. 그리고 예전 식민지 한반도와의 관계는 어떤 식으로 하는 게 좋은가를 새롭게 학문적으로 검토할 필요가 있었다. 식민지 정책론도 역시 필요한 것이었지만, "뭐 그래도 있을 필요가 없다"고 쉽게 바꿔버릴 문제는 아니었다고 생각한다.

토쿄대학 경제학부에 돌아온 야나이하라 씨는 1946년 11월에 신설된 사회 과학 연구소, 나중에 내가 근무하게 될 연구소의 초대 소장으로 취임했다. 야나이하라 씨는 이 연구소의 구성에 관해서 생각했다. 이 연구소는 일본에 대한 연구 이외에, 외국에 대한 연구로서 미국, 영국, 소련, 중국, 프랑스, 독일을 연구하였다. 주로 일본을 이긴 나라를 연구하여 배워가자는 취지의 연구소였다. 일본이 식민지로 삼아 이제 막 독립해가는 한반도를 연구한다는 생각은 전혀 없었다. 이 연구소의 창립 멤버에는 경성제대 교수 4명이 참여하고 있었다. 그런 상황이었다. 야나이하라 씨는 〈관리 아래의 일본―종전 뒤 만 3년의 회상〉(1948년 10월) 속에서 일본도 이전에 식민지를 통치한 나라였고, 모든 학자가 동화주의는 비과학적이라고 하고 자주주의가 합리적이란 걸 지적했음에도 불구하고 일본 정부는 일관해서 동화주의 정책을 고치지 않았고, 특히 만주사변 이후에는 '황민화 정책'을 추진했다고 비판하였다. 그리고 다음과 같이 썼다.

"나는 일본의 식민지 통치가 전적으로 해독害毒이었다고는 생각하지 않는다. 적어도 경제 개발과 보통 교육의 보급은 식민지 사회에 영속적인 이익을 주었다고 생각한다. 다만 사상적인 동화 정책이라는 한 항목에 이르러서는 예전 식민지 민족의 어떤 사람도 이걸 상기하여 호감을 가지지 않을 것이다."

이렇다면 야나이하라 씨의 비판도 동화주의에 대한 비판이었고, 스즈키 타케오와 다르지 않았다. 이건 비극이다. 결국 야나이하라 씨도 한반도의 식민지 지배에 관해서 일본 국민에게 문제 제기할 수 없었다.

일본공산당의 조선론

일반 국민에게 문제를 제기할 수 있는 존재로서 일본공산당이 있었다. 이 당은 두 가지 의미에서 대단히 특수한 존재였다. 하나는 일본공산당이 전전과 전후 모두 일본인과 조선인이 함께 멤버를 이룬 유일한 조직이었다는 사실이다. 1920년대에 일본에 있던 조선인 공산주의자는 조선공산당 일본 총국에 속해 있었다. 조선공산당은 일본에 조직을 가지고 있었다. 그렇지만 1931년에 조선공산당 일본 총국은 성명을 발표하여 해산하였다. 코민테른의 1국 1당 노선에 따라 우리는 일본공산당에 들어간다고 선언했던 것이다. 만주에 있던 조선인 공산주의자는 모두 중국공산당의 당원이 되었다. 1931년부터 전후의 일정 기간까지 조선인 공산주의자는 일본공산당의 당원이었다. 말할 것도 없이 일본공산당은 천황제 국가가 철저하게 탄압해야 할 첫 번째 적이었다. 조선인도 일본 국가에게 철저하게 감시당하고 경계받는 대상이었다. 그런 의미에서 공산당 당원과 조선인은 일본제국에서 함께 체포당하고, 함께 고문당하고, 함께 감옥에 들어갔던 동료였던 셈이다.

다른 한편으로 일본공산당은 전전의 일본 정당 중에서 한반도 독립을 외친 유일한 정당이었다. 요컨대, 공산당 당원과 조선인은 한반도의 독립을 지향한 동지이자 동료였다. 그런 의미에서 10월 10일에 함께 감옥에서 나와 만세를 부른 것이다. 일본공산당의 당원과 조선 공산주의자 모두가 함께 만세를 불렀다. GHQ 앞에 가서 감사해하면서 함께 만세를 부른 것이다.

그런데 일본공산당은 활동이 그다지 활발하지 못했다. 시간이 걸렸다. 1945년 11월 8일에 전국 협의회가 열려, 거기에서 집행부를 선출하였다. 도쿠다 규이치德田球一, 시가 요시오志賀義雄, 하카마다 사토미袴田里見, 김천해金天海, 미야모토 켄지宮本賢治, 쿠로키 시게노리黑木重德 등 6사람이다. 김천해는 감옥에서 나온 조선인 공산주의자 가운데 최고 지위에 있던 사람이다. 그는 1920년대에 조선공산당 일본 총국 제2대 서기장을 역임했다. 니혼日本대학을 졸업하고서 노동 운동을 했던 인텔리다. 11월이 되자 제4회 당대회가 열려 도쿠다, 시가, 김천해, 하카마다, 카미야마 시게오神山茂夫, 미야모토, 쿠로키 등 7명이 당 중앙위원에 선출되었다. 김천해는 당 서열 3위에 올랐다. 이 제4차 당대회에서 김천해는 재일 조선인에 관한 보고를 했다. 조선인 단체로는 조련朝連이 활동하고 있었지만 "반민주주의, 반공산주의적인 국수주의에 경도되지 않도록 교육하는" 게 필요하다고 보고했다. 〈일본에서의 우리의 행동 강령〉의 첫 번째는 귀국 문제, 두 번째는 식량 문제라고 선언하였다. 식량 문제에서는 외국인의 배급량 4.5홉을 주도록 요구한다고 말했다. 곧, 조선인은 해방된 민족, 연합국에 속해 있으니 패전 민족인 일본인보다 더 많은 배급을 받을 권리가 있다고 주장하였다. 이건 잘못된 노선이었다고 생각한다. 선거권 문제에 관해서는 민족주의자가 반대하더라도 우리는 선거권을 요구한다. 선거권을 행사하여 천황제를 타도하고 인민공화국의 수립을 지향한다고 말하였다.

1946년 2월에는 제5차 당대회가 열렸다. 김천해는 중앙위원, 중앙위원 후보에 송성철宋性徹, 김두용金斗鎔, 박은철朴恩哲 3 사람이 들어갔다.

46년 1월의 일본공산당 기관지《아카하타赤旗》에는 히로시 누야마의 시 〈박은철에게〉가 실려 있다. 시바 료타로의 말년의 친구가 된 니시자와 타카지西沢隆二다.

　　　　박은철에게
　　　　　　　—토요타마 형무소에서

　　　　　배 고프다 박은철이여
　　　　　조선 독립 축하회 날에는
　　　　　무슨 일이 있어도 최고의 밥을
　　　　　팥이 든 최고의 밥을
　　　　　그날은 가깝다, 그날은 가깝다
　　　　　내일, 나쁘더라도 모레다
　　　　　배 고프다 박은철이여

일본인 공산당 당원은 조선인 당원과 동지이자 동료였지만, 조선이 독립했다는 사실의 의미를 제대로 이해할 수 없었다. 일본인과 조선인은 입장이 명백히 달랐기 때문이다. 전후 일본공산당의 문헌에는 한반도 문제에 대해 어떻게 판단해갈지에 대해 언급한 것은 하나도 없다.

《젠에이前衛》에는 1946년부터 1948년까지 한반도 문제에 관한 논문이 3편 실려 있다. 모두 김두용이 쓴 것이다. 그는 토쿄대학을 나온 인텔리다. 1931년에 조선인 공산주의자들이 일본공산당에 들어가는 걸 추진했던 책임자였다. 원래 그는 전향해서 감옥에 가지 않았다. 전후 최초의 논문은 〈일본에서의 조선인 문제〉(1946년 3월)였다. 거기에서는 '귀국'을 바라는 기분은 알지만, 우선 자기 자신의 생활을 지키기 위해 유리한 조건을 획득한 뒤에 귀국해야 한다고 지적하고 있다. 따라서 먼저 일본에서 적극적으로 투쟁해야만 한다. "일본 안에서도 일본 인민과 함께 협력하여 공동 투쟁을 해야 한다", 그리고 "우리의 최대의 목표는 무엇보다도 천황제 타도"라고 지적하고 있다. 김두용은 '민족적 편견'과 투쟁해야 한다고 말하고 있다.

마지막 논문 〈조선인 운동의 올바른 발전을 위하여〉(1947년 5월)에서는 다음과 같이 쓰고 있다.

"도대체 누가 조선 민족의 이익을 위하여 투쟁해주고, 또 그걸 옹호해주었는가? 그건 말할 것도 없이 일본 인민이고, 정확히 말하자면 일본의 프롤레타리아트이고 그 당인 우리 당 이외에는 없다. 이는 너무나도 명백하다. 그렇지만 조선인이 자신의 이익을 지키기 위해 몇몇 일본 인민에게 도움을 청했지만, 곧바로 일본 인민이 움직여준 건 아니다. 일본 인민이나 프롤레타리아트의 힘을 빌리려고 하면 무엇보다 조선인 자신이 먼저 일본 인민을 위해 일하는 것이 중요하다. 더구나 가장 먼저 그걸 할 수 있는 건 역시 인민의 이익을 대표하는 조선인 당원이어야 한다."

조선인 당원이 일본 혁명을 위해 헌신적으로 활동하는 것이야말로 일본인이 조선인을 위해 활동하게 만드는 것이다. 일본 혁명을 위해 진심으로 활동하여 천황제 타도를 위해 투쟁하는 것이다. 다른 한편으로는 조선인에 대한 편견을 없애기 위하여 일본인 공산주의자가 어떻게 투쟁해야 하느냐에 관한 논문은 《젠에이》에 한 편도 실리지 않았다. 한반도가 독립을 하여 일본과 한반도가 새로운 관계에 접어드는 이 시기에 일본과 한반도의 관계는 어떠해야 하고, 일본인은 무엇을 생각하면서 조선인을 만나가야 하는지, 그런 것들에 대해 공산당이 이른바 전위로서 무언가 가르쳐주고 문제를 제기하지 못했음을 확인할 수 있다.

그렇기 때문에 패전 때, 즉 한반도가 독립할 때 일본과 한반도의 관계를 바꿀 커다란 기회가 도래했지만 이 기회를 전혀 살리지 못하고 그대로 지나쳐버렸다. 물론 나는 친천황적이면서도 반군사적인 일본의 평화주의도 의미가 있었다고 생각한다. 한반도에 대한 사고방식이 무책임했다고 해서 그런 평화주의가 의미가 없었던 것처럼 생각하는 걸 난 받아들일 수 없다. 하지만 전후 일본의 평화주의가 이러한 약점을 가지고 있었음을 확실하게 주목해야만 한다고 생각한다.

한반도의 분할 점령이 결정된 날

8월 15일은 일본의 전쟁이 끝나고 천황이 육성 방송을 하여 일본인과 조선인, 타이완인이 그걸 동시에 들었던 날이다. 그러나 그들은 전혀 다른 방식으로 그날을 경험했다. 그리고 또 하나 심각한 영향을 미칠 사건이 있던 날이기도 했다. 1945년 8월 15일에 트루먼 대통령이 스탈린에게 〈일반 명령 제1호 문안〉을 보냈다. 이것은 연합군 최고사령관의 일반 명령으로 항복 명령이다. 이 명령문에 따르면, 일본에 있는 일본군은 미국 사령관에게 항복한다, 곧 미국이 단독으로 일본을 점령한다. 그리고 타이완은 중국군, 오키나와는 미군이 점령한다. 조선은 38도선으로 분할 점령한다. 남측은 미군이, 북측은 소련이 한다, 그리고 미나미카라후토, 즉 남사할린은 소련에게 항복하도록 한다. 이 일람표에는 쿠릴 열도(일본 이름으로는 치시마千島)가 빠져 있었다. 얄타 협정에 의하면, 남사할린은 소련에 반환하고 쿠릴 열도도 소련에 건네는 것으로 되어 있다. 그러나 이 단계가 되어 미국 안에서 쿠릴 열도를 자신들이 가져야 한다는 입장이 생겨서 쿠릴 열도를 언급하지 않는 안을 내놓은 것이다. 그래서 스탈린이 쿠릴 열도를 소련에 건네준다고 영국과 미국이 얄타에서 약속하지 않았느냐고 화를 냈다. 스탈린은 다음날 16일에 이렇게 답신하였다. 한반도를 38도선에서 남북으로 나눈다는 것에 동의한다. 일본 본토를 미군이 점령하는 것에도 동의한다. 그러나 홋카이도의 절반을 우리가 점령해야 한다. 그리고 쿠릴 열도는 우리에게 건네준다는 약속에 따라 이를 이행하라고 했다.

한반도 북쪽에서는 이미 소련이 공격해 들어오고 있었지만, 미국은 한반도에 대해 전혀 손을 쓸 수 없는 상태였다. 그렇기 때문에 소련이 남쪽까지 점령할 수 있었지만 그렇게는 하지 않았다. 러일전쟁 이전부터 한반도라는 소국에 두 개의 대국이 관여한다면 39도선에서 분할한다는 이야기가 있었다. 전쟁 중에 소련의 한반도에 관한 문헌은 모두 북한에 집중해 있었다. 따라서 미국이 남북으로 분할하자고 한 것은 현상을 그대로 짜맞춘 것인지 모른다. 소련은 미국의 분할 점령안을 그대로 받아들였다. 내 판단으로는, 홋카이도 점령 제안은 쿠릴 열도를 얻기 위한 공갈이었다고 생각한다. 소련에게는 홋카이도를 점령할 생각이 없었다고 생각한다. 얄타 협정대로 약속을 지키라는 것이었다.

어쨌든 일본제국 영토 중에서 연합국 두 나라에게 분할 점령된 건 한반도뿐이었다. 그것도 8월 15일에 결정된 것이다. 이 결과 한민족은 8월 15일에 해방과 독립을 달성했지만, 동시에 38도선에서 분할 점령당해 오늘날까지도 분단된 채 비운에 우는 결과가 되고 말았다.

5장_ 관련 연표

5

한국전쟁과 일본

— 일본인과 재일조선인

한국전쟁은 어떻게 이야기되어왔는가

나는 한국전쟁에 관한 책을 2권 썼다. 처음 책은 1995년의《조선전쟁》(岩波書店)이고, 두 번째 책은 2002년의《조선전쟁 전사全史》(岩波書店)다. 같은 주제의 책을 불과 7년만에 다시 쓴다는 건 문제가 있지만, 소련의 자료가 공개되어 쓰게 되었다. 두 번째 책은《조선전쟁 전사》라는 제목을 붙여, 완전히 새로운 책을 쓸 생각이 아니라는 결의를 표하고 있다. 다행인지 불행인지 몰라도, 2002년 뒤에는 새로운 자료가 나오지 않아 다시 쓸 필요가 없었다.

합병 100주년이 되는 해는 또한 한국전쟁 개전 60주년이기도 하다. 한국전쟁에 대한 연구는 오랫동안 '누가 처음 침략했는가' 하는 물음이 중심이 되어왔다. 전쟁이 일어났던 게 1950년 6월 25일이다. 그 다음날 26일에 조선민주주의인민공화국 수상 김일성이 성명을 발표하였다. 한국군이 미국의 부추김을 받아 공격해왔다, 우리 부대가 반격하여 격퇴하고서 추격전으로 옮아가고 있다는 성명을 발표했다. 미국 쪽에서는 이것을 북한의 침략이라고 하여 UN 안전 보장 이사회(안보리)에 상정하였다. 안보리는 6월 27일에 한국이 침략을 받고 있기 때문에 UN으로서 도울 것이며, UN 가맹국은 각자 힘껏 원조해주기를 바란다는 결의를 하였다. 미국과 영국의 제안이 간단히 채택된 것은 안보리 상임 이사국인 소련이 결석했기 때문이다. 소련의 결석은 인민 중국의 대표권 문제와 관련이 있다고 설명되고 있지만, 아니면 소련은 한국전쟁이 일어나는 걸 상정하여 그때 안보리에 출석하면 골치 아파지기 때문에 결석 전술을 채택했을지도 모른다. 어쨌든 소련이 출석하지 않았기 때문에 북한을 침략자로 하는 결의가 쉽게 통과되었다.

이처럼 북한은 한국의 침략이라고 하고, 미국은 북한의 침략이라고 맞섬으로써 어느 주장을 지지하느냐에 따라 세계가 분명한 두 쪽으로 나뉘어졌다. 이 대립이 학자의 세계도 지배하는 상황이 오래 계속되었다.

그 상황은 30년 규칙에 의해 1970년대 후반부터 주한 미군의 자료가 공개되었기 때문에 바뀌게 되었다. 한국전쟁에 관한 미국 국무성의 자료도 1980년부터 공개되었다. 한국을 점령한 미군의 자료를 최초로 사용한 건 미국 학자 부르스 커밍스Bruce Commings다. 《한국전쟁의 기원》이란 대단히 큰 책의 상권이 1981년에, 하권이 1990년에 나왔다. 그의 주장은 1945년 해방 이후에 남한은 거의 내란 상태였고 내란의 한편은 남쪽의 공산주의자를 중심으로 한 민족주의자, 또 다른 한편은 식민지 시대에 일본에 협력했던 이전 경찰관이나 군인을 포함한 반공 보수 세력과 미국 점령군이었다고 한다. 반공 보수를 대표하는 것이 이승만이라는 것이다. 이러한 두 개의 세력 사이의 내란 상태가 계속되고 있어서 한국전쟁은 특별하게 새롭게 일어난 전쟁이 아니라, 당시 내란 상태의 연장이라는 것이다. 이게 커밍스의 결론이다. 상권에서 제시한 자료에 기초한 내란 상태의 서술은 대단한 충격을 주었다. 커밍스는 하권의 첫머리에서 6월 25일에 "누가 전쟁을 개시했는가"라는 "질문을 해서는 안 된다"라고 단언하였다. 이 점이 뒤에 문제가 되었다.

그 뒤에 여러 책이 나왔는데, 그 가운데 특별히 거론해야 할 책은 슈겐에이朱建榮의 《마오쩌둥의 조선전쟁》(岩波書店, 1991)이다. 중국도 개혁 개방 이후에 관계자가 말을 하게 되자 슈 씨는 그러한 증언에 의해 왜 중국이 한국전쟁에 참전했는가에 대해 썼다. 중국은 참전하지 않아도 되었는데, 참전하여 고생을 치렀다는 느낌이 드러나고 있는 책이다.

또 하나가 하기와라 료萩原遼의 《조선전쟁》(文藝春秋, 1993)이다. 이 사람은 이전에 《아카하다》 평양 특파원이었는데, 이제는 격렬한 북한 비판자가 되었다. 그는 《아카하다》 기자를 그만두고서 미국에 건너가 한국전쟁 때 미국이 획득한 북한 문서를 자세히 읽고서 한국전쟁의 개시에 앞서 연습 명목으로 북한 군대가 38선 북쪽에 집결하였다는 사실을 논증하였다. 그것은 그의 공적이라고 생각한다. 책에는 '맥아더와 김일성의 음모'라는 부제가 붙어 있다. 전쟁은 김일성이 일으킨 반민족적인 악행이었지만, 맥아더는 그걸 알면서도 일으키도록 방조했다고 주장한다. 한국전쟁으로 고초를 치른 건 레드 퍼지[1]를 당한 일본공산당원이었다고 첨언하기도 한다. 자료를 잘 보고 새로운 사실을 발견을 한 점도 있지만, '맥아더의 음모'라는 상투적인 좌익 관념에 사로잡혀 있다는 점이 더불어 그에게 존재한다는 생각이 든다. 김일성이 따로 음모를 꾸몄던 것은 아니다.

그 뒤에 한국에서 박명림朴明林의《한국전쟁의 발발과 기원》상하(1996)가 나왔다. 단적으로 말하자면, 커밍스 비판서다. 이 사람 책의 속편이 최근에 일본어로 번역되었다.《전쟁과 평화 ─ 한반도 1950》(社會評論社, 2009, 원저는 2002)이다. 이 책에서는 학살 문제에도 관심을 기울이고 있다. 학살 문제는 김동춘金東椿의《한국전쟁의 사회사 ─피난 · 점령 · 학살》(2000)에서 파헤치고 있다.

일본과의 관련에 대해서는 재일 한국인 고바야시 토모코小林知子의 〈전후 재일조선인과 '조국' ─1945년~1952년〉(1996)과 남기정南基正의 〈한국전쟁과 일본 ─ '기지 일본'에서의 전쟁과 평화〉(2000)란 두 편의 학위 논문이 있다. 남 씨는 한국에서 온 유학생으로, 토쿄대학에서 나의 지도 아래 공부한 사람이다. 이것들은 아직 책으로 나오지는 않았지만 매우 뛰어난 연구라고 생각한다.

한국전쟁의 연구에 결정적인 영향을 주었던 것은 소련의 붕괴 이후에 1994년부터 1996년에 걸쳐 이루어진 극비 자료의 공개다. 한

---

1) 공산주의자 숙청을 뜻함.

국전쟁을 개시하는 과정과 시작된 뒤의 스탈린 · 마오쩌둥 · 김일성 사이에 오간 편지나 전보, 그리고 이들을 중개했던 대사들의 전보 교환 등이 그것이다. 그야말로 핵심적인 자료라고 말해도 좋을 것이다. 이 자료는 당초 옐친 대통령이 김영삼 대통령에게 증여했다. 그것을 한국 정부는 그리 간단히 공개하지 않았다. 그런 사이에 미국의 연구 그룹 '냉전사 국제 프로젝트'가 그 자료를 포함하여 더 많은 자료를 공개해버렸다. 부분적으로는 영어로 번역하여 발표하는 한편, 세계의 전문 연구자에게 완전 카피를 제공하였는데 나도 받았다. 2000년에는 이 자료가 러시아에서 출판되었다. 그게 토르크노프 편, 《조선전쟁의 수수께끼와 진실》(草思社, 2001)이다. 이 소련 극비 문서를 사용하여 한국전쟁 전체를 쓴 것이 나의 2002년의 책 《조선전쟁 전사》다.

다른 한편으로 중국에서도 점차 자료가 공개되고 있다. 2000년에는 한국전쟁 개전 50주년을 기념하며 《항미원조전쟁사抗美援朝戰爭史》라는 3권짜리 책이 나왔다. 그러나 중국에서는 역시 여러 제한이 있다. 나의 《조선전쟁 전사》도 중국어로 번역은 다 되었으나, 중국공산당이 출판 허가를 내주지 않고 있다.

소련의 자료가 공개됨으로써, 김일성이 무력 통일을 하게 해달라고 했고, 스탈린이 해도 좋다고 허락해서 전쟁이 시작되었다는 게 확실해졌다. 이것은 누구나 의심할 수 없을 만큼 명확한 사실이 되었다. 거기서부터 토르크노프 등은 결국 이건 북한의 침략이라고 쓰고 있지만, 꼭 그렇게만 말할 수 없다는 게 내 생각이다. 그걸 설명해보겠다.

나의《조선전쟁 전사》는 나온 지 8년이 되었지만,[2] 다행스럽게도 판을 거듭하여 아직도 서점에서 팔리고 있다. 2011년에는 영역본이 출판될 것으로 본다. 왜냐하면 나의 책 이래로 소련의 자료를 완전히 검토한 책이 구미에서도 나오지 않았기 때문이다.

최근에 구미에서는 데이비드 할버스탬David Halberstam이라는 유명한 저널리스트가 쓴《가장 추운 겨울The Coldest Winter — 한국전쟁》이 좋은 평판을 받고 있다. 저자는 2007년에 교통사고로 죽었지만 책은 이미 교정쇄 상태여서 2009년에 간행되었다. 일본에서도 분게이슌쥬샤文藝春秋社가 이미 번역해 출판했다. 저자는 미국 쪽의 인간이 어떤 인간으로 무얼 생각했고 어떻게 행동했는가를 대단히 인간 냄새가 나게 썼다. 가장 자세히 묘사되고 있는 이가 맥아더다. 맥아더가 얼마나 완고하고 우매한 사람이었는가를 잘 알 수 있다. 할버스탬의 역사 분석이 정확한가 여부는 알 수 없어도 인간 분석은 압권이다. 그에 따르면, 미국은 김일성이 공격할 것이라고는 전혀 생각하지 못하고 완전히 불의의 일격을 당했다. 공격을 당했어도 믿지 않았으므로 더욱 철저하게 당하고 말았다. 그렇다면 북한에 관해서 어떻게 서술하고 있는가? 김일성에 대해서는 동물원의 원숭이 보듯이 다루고 있다. 무얼 생각하고 있는지 전혀 이해할 수 없는 존재처럼 말이다. 미국인은 우둔해도 인간이고, 북한의 인간은

---

2) 이 책이 출판된 2010년 시점에서.

동물이나 외계인이다. 그 차이가 충격적이다.

기원과 개전

  한국전쟁의 기원은 역시 일본의 식민지 지배에 있다고 생각한다. 일본의 식민지가 되기 전의 대한제국은 통일 국가였다. 일본이 병합한 기간 동안 한반도는 일본 영토였다. 1945년에 식민지 지배가 끝났지만 한반도는 미국과 소련에게 분할 점령된다. 38선으로 분할 점령된 것은 청일전쟁부터 러일전쟁까지에 이르는 동안에 일본과 러시아가 한반도를 둘러싸고 타협하려 했던 구상이 영향을 미친 것이다. 결정적인 건 일본의 항복 시기였다. 포츠담선언이 발표된 시점, 곧 7월 시점에 일본이 항복했다면 소련의 참전은 없었을 것이고 미국이 한반도 전체를 점령했을 것이다. 또 원폭 투하, 소련 참전의 상황 속에서 일본이 본토 옥쇄를 각오하고 항전을 계속했다면 소련이 한반도 전체를 점령했을 것이다. 8월 14일이라는 특정한 시점에 일본이 포츠담선언을 수락했던 게 한반도의 분할 점령을 유도하게 되었다. 일본은 미국이 단독 점령하였고, 일본제국의 판도 중에서 한반도만 희생되어 분할 점령의 비운에 봉착한 것이다.
  그 뒤에 여러 가지 과정이 있었지만, 결국 통일 한반도 정부를 만드는 것에 대한 합의는 미국과 소련 사이에서 만들어지지 않았고, 1948년 8월 15일에 먼저 대한민국이 성립하고 9월 9일에 조선민주주의인민공화국이 성립하기에 이른다. 이로써 38선이라는 분할선의 남과 북에서 각각 국가가 만들어진 건 아니다. 남쪽에 만든 대한민국은 헌법에 "우리의 영토는 한반도 전체다"라고 쓰고 있는 국가다. 언젠가는 북쪽에 있는 괴뢰 정부를 일소하고, 선거를 실시하여 선출한 의원을 국회에 보충하겠다고 생각하고 있는 국가다. 북쪽에 만든 조선민주주의인민공화국은 그 헌법에 "우리 수도는 서울이다"라고 쓰고 평양을 임시 수도로 삼고 있는 국가다. 따라서 언젠가는 서울에 둥우리를 틀고 있는 외국의 괴뢰들을 일소하고서 우리 수도를 수복해야 한다고 말하는 국가다. 그렇기 때문에 두 국가는 각각 상대방을 외국의 괴뢰 정권이라고 전면 부정하면서 자신들이야말로 한반도 전체에서 유일한 정통 국가라고 주장하고 있다. 이런 두 국가가 1948년 8월과 9월에 성립한 순간부터, 어떤 의미에서는 이른바 군사적으로 상대방을 부정하겠다, 그리고 군사적으로 최종 결론을 내리겠다는 태도가 상정된 것이다.

대한민국의 지도자 이승만은 한반도 북부 출신의 기독교도로, 1919년 상하이에 만든 대한민국 임시정부의 초대 국무총리 겸 대통령을 지냈다. 일찍부터 공산주의자와 충돌해왔고, 미국에 오래 망명하고 미국에 의탁한 반공적인 민족주의자였다. 조선민주주의인민공화국의 지도자 김일성도 북부 출신 기독교도의 아들이다. 민족적인 공산주의자로, 중국공산당 당원이 되어 만주에서 일본과 싸웠다. 두 사람이 내걸고 있는 슬로건은 비슷하다. 북한의 김일성이 내걸었던 건 '국토 완정完整'이다. '완정'은 중국어다. 국토를 완정한다는 건 남쪽을 해방시켜 거기에 있는 괴뢰 정권을 몰아내고서 국토 통일을 완성한다는 것이다. 남쪽의 이승만은 '북벌北伐 통일'이라고 말했다. '북벌'이란 건 북쪽에 있는 군벌을 토벌한다고 하는 중국 국민당의 말이다. 곧, 두 나라를 만든 한반도의 지도자들은 중국을 모델삼아 중국의 경험에 따라 국토를 군사적으로 통일한다, 전쟁에 의해 통일한다는 사고방식에 사로잡혀 있었다.

중국은 1911년 신해혁명으로 청나라 정부가 타도된 이후 국토가 여러 갈래로 찢겨져 있었다. 그 뒤의 혁명 과정은 국내 전쟁의 과정이었다. 1911년부터 1949년에 마오쩌둥이 천안문의 단상에서 중화인민공화국 성립을 선언할 때까지 실로 39년 동안 전쟁의 연속이었다. 바꿔 말하자면, 내전을 통한 혁명의 역사였다. 그러나 한반도는 그렇지 않다. 내전이라고 할 수 있는 것은 갑오 농민 전쟁, 나아가 일본의 보호국화·병합에 반대한 의병 운동이 있었지만, 그것들이 진압되고 나서 내전은 없어졌다. 1910년에 일본에 병합된 뒤 1945년까지 36년 동안은 일본에 의해 완전히 지배당해왔다. 일본의 헌병과 경찰의 통치가 완전히 빈틈이 없었고 지배자의 질서가 관철되던 상황이었다. 그렇기 때문에 한반도는 중국과는 완전히 다른 세계였다. 거기에 중국의 경험을 도입해 전쟁을 통한 혁명을 시도하려고 한 건 김일성이나 이승만 모두 틀렸고 무리였다고 생각한다.

1949년에 한국은 미국에게 세 차례에 걸쳐서 무력으로 북을 공격할 수 있도록 해달라, 공격하면 북은 곧 궤멸할 것이라고 주장하였다. 하지만 미국은 절대 안 된다, 북이 공격해오면 그렇게 해도 좋지만 먼저 공격해서는 안 된다고 계속 말해왔다. 북한도 최초로 소련에 대표단이 간 1949년 3월 이래로 8월, 그리고 9월에 공격하도록 해달라, 공격하면 이길 수 있다고 요청하였다. 하지만 소련은 계속 안 된다고 말했고 9월 24일에는 소련공산당 정치국의 정식 결정으로 불허하는 회신을 보냈다.

스탈린은 미국과 소동이 발생하면 큰일이라고 생각하고 있었다. 미국과는 한반도의 분할 점령에 합의했기 때문에, 북이 통일을 위해 군대를 움직이고 뒤에 소련이 있다고 지목되면, 속수무책으로 미소 간의 전쟁이 도발될 것이라고 생각하였다. 소련은 1949년 9월 25일에 원폭 보유를 발표했지만, 최초의 실험을 한 단계에 지나지 않았다. 세 발밖에 없었는데, 한 발은 이미 실험에 사용했고 나머지 두 발만 있는 상황이었다. 미국과 도저히 대결할 수는 없었다.

그러나 김일성은 소련이 원폭을 가졌기 때문에 미국과 소련이 대등해졌다고 생각하였다. 보다 중요한 일은 1949년 10월 1일에 중화인민공화국이 건국을 선언한 것이었다. 이게 김일성을 결정적으로 고무시켰다. 이번에는 우리 차례라는 것이다. 1950년 1월 12일에 애치슨 미국 국무장관이 연설을 통해 미국이 절대적으로 수호해야 할 곳은 일본과 오키나와, 필리핀이라고 말하였다. 한국과 타이완은 절대 방위선 안에 들어가지 않았다. 스탈린이나 김일성은 이 점을 중시하였다. 미국은 한국을 지킬 의향이 없다고 생각했던 것이다.

5일 뒤인 1월 17일에 김일성은 평양의 소련 대사관을 찾아가 쉬티코프Terentii Fomitch Shtykov 대사[3])에게 다음과 같이 말했다.

"조선 남부 인민은 나를 신뢰하고 우리의 무장력에 기대하고 있다. 빨치산은 결코 거사를 치를 수 없다. 남부 인민은 우리가 좋은 군대를 갖고 있다는 걸 알고 있다. 최근에 나는 전토 통일의 문제를 어떻게 해결할 건가를 고민하여 잠도 자지 못한다. 만약 조선 남부 인민의 해방과 국토 통일 사업이 지체된다면 나는 조선 인민의 신뢰를 잃어버릴 것이다."(쉬티코프 대사의 보고, 1월 9일)

자신이 모스크바를 방문했을 때 스탈린은 남쪽을 공격해서는 안 되고, 이승만 군대가 공격해올 경우에 남쪽에 대한 반격을 해도 좋다고 말했다. 그러나 이승만은 오늘까지도 공격하지 않은 채 남쪽의 해방과 통일을 지연시키고 있다. 나는 다시 스탈린을 방문하여 남쪽을 해방시킬 인민군의 공격 행동에 대해 지시와 허가를 받기를 바라고 있다. 김일성은 그렇게 소련 대사에게 말하였다. 대사는 이를 스탈린에게 전달하였다. 이 전보가 소련에서 나온 극비 자료에 포함되어 있다. 스탈린은 1월 30일에 조선 주재 대사에게 답신을 보냈다.

"동지 김일성의 불만을 이해한다. 그러나 그가 기획하고 있는 남한에 대한 이런 큰 사업은 많은 준비를 필요로 한다. 커다란 위험이 없도록 일을 조직해야만 한다. 이 건으로 나와 대화하고 싶다면 나는 언제라도 그와 만나서 대화할 용의가 있다."

---

3) 군인 출신으로 1945년 8월 15일부터 1948년까지 38선 이북 주둔 소련 군정청의 최고 지도자 역할을 했고, 1948년부터 1950년까지 초대 북한 주재 대사를 역임함.

이 회답은 거의 GO 사인이다. 김일성은 매우 기뻐서 박헌영朴憲永과 함께 4월 10일에 소련을 방문하여 스탈린과 만났다. 다만 스탈린은 여기에는 조건이 있다고 했다. 중국의 마오쩌둥이 OK하면 해도 좋으나, 안 된다고 하면 단념하라, 그리고 그의 OK 사인이 나오면 우리도 전면적으로 원조하겠다고 말했다. 그래서 돌아오자마자 바로 5월 13, 14일 김일성과 박헌영은 베이징을 방문하여 마오쩌둥과 대화한다. 마오쩌둥은 돌발적인 이야기를 듣고는 놀라서 모스크바에 연락하여 스탈린이 진짜 그런 말을 했는지 물었다. 스탈린은 확실히 이렇게 말했다. '국제 정세'가 변했다. 이전에는 안 된다고 했지만 내 생각도 바뀌어 이번에는 허락했다. 당신도 잘 생각하여 응답하라는 내용의 전보를 보냈다.

마오쩌둥에게는 당시 아직 타이완 해방의 일이 남아 있었다. 타이완을 공격하는 데에는 해군이 필요했는데, 그리 간단한 일은 아니었다. 조금 시간이 걸릴 것으로 생각하고 있을 때, 북한이 남쪽을 해방시키고 싶다고 이야기해온 것이었다. 그래서 실제로는 내년에 했으면 좋겠지만, 지금 해도 좋다고 회신을 보냈다. 그때 마오쩌둥은 "일본군은 오는가" 하고 김일성에게 물었다. 일본군은 해체되어 있었다. 그러나 김일성은 "미국이 일본군을 보낼 가능성은 있다. 그러나 일본군은 문제없다. 우리는 일본을 무찌를 것이다"라고 답한다. 마오쩌둥은 "그런가" 하고 말했지만 "미군이 참전하게 되면 우리도 참전할 것이다"라고 덧붙였다.

미군이 참전할 가능성에 대해 마오쩌둥이 어떻게 생각했는지 나로서는 알 수 없다. 그러나 마오쩌둥은 미군이 언젠가는 올 것이라는 생각을 갖고 있었을 것이다. 왜냐하면 그는 국공 내전 때 미국이 개입하면 어쩌나 하고 늘 생각해왔다. 양쯔강 남쪽으로 100만 대군이 건너간 건 미국에 대한 시위였다. 중국 혁명을 완수하고 공산 중국이 이 세계에서 살아남으려면 역시 미국과 일전을 치러야만 한다. 그렇게 하지 않으면 우리는 살아남을 수 없을 것이다. 그런 생각을 마오쩌둥은 늘 가지고 있었다. 미국이 오면 우리도 한반도로 갈 것이라고 확실하게 약속했던 건 이 때문이다. 김일성은 미국이 오지 않을 거라고 생각하였다. 애치슨이 연설에서 명백하게 말했지 않은가. 한국은 절대 방위선에서 제외되었기 때문에, 우리가 공격해도 미국은 오지 않을 것이다, 중국에도 오지 않았기 때문에 한반도에도 오지 않을 것이다. 이게 김일성과 스탈린의 생각이었다.

중국과 소련으로부터 GO 사인이 나오자 6월 25일에 개전하였다. 조선 인민군이 준비를 갖춰 6월 25일 해뜨기 전에 일제히 공격했던 것이다. 하지만 김일성은 소련의 입장을 고려하여 한국이 공격해왔기 때문에 응전했다고 발표하였다. 그렇게 해야 자신들의 정당성이 커지기 때문이다.

한국 쪽에서는 불의에 공격받았다고 하지만 여러 논의가 있다. 확실히 한국은 여러 차례 북한이 공격해올 것이라고 계속 말해왔지만 미국은 귀 기울이지 않았다. 그래서 조금 경계를 늦추고서 파티를 마치고 쉬고 있는 데 공격받았다고 한다. 미국은 전혀 대비하는 자세가 아니었다. 미국 군사 고문단의 단장은 휴가로 본국에 돌아가려고 태평양 위의 배에 타고 있었다.

6월 25일에 공격을 받고서 한국에서는 엄청난 소동이 벌어졌다. 뜻밖의 공격을 당해보니 조선 인민군은 엄청 강했다. 전체 21개 연대가 공격에 참가했는데, 절반인 10개 연대는 중국 내전에서 단련된 정예 부대였다. 한국 군대는 본격적으로 싸워본 경험이 없었다. 탱크도 북한에는 258대 있었지만 한국에는 1대도 없었다. 할버스탬이 말하고 있듯이, 한국 무기의 질은 대단히 나빴고 미군 무기의 질도 나빴다. 한국에 있던 미군 병사는 모두 기합이 빠져 있었다. 전쟁이 끝나고 일본에서 유유자적하고 쉴 수 있어서 행복했는데, 한국에 보내져 아무런 생각이 없었다는 것이다. 이에 반해서 북한의 정예 부대인 중국 출신 조선인 부대는 일찍 일을 마치고서 고향에 돌아가고 싶어했다. 고향은 만주다. 만주에는 가족도 있고, 밭도 있다. 남한을 빨리 해방시키고 만주로 돌아가고 싶은 심정에 대단히 열심이었다. 서울은 곧 위험해졌다.

6월 25일 당일, 이승만 대통령이 했던 말이 잘 알려져 있다. 무쵸John Joseph Muccio[4] 미국 대사가 대통령 관저로 달려가 정오 지나서 이승만을 만났다. 이승만은 차분하게 있었다. 오후에 내각 회의를 열 계획이다, 무기 원조를 해달라고 요청하면서 다음과 같이 말하였다.

"자신은 한반도를 제2의 사라예보로 만드는 걸 피하려고 노력

---

[4] 외교관으로 1949년부터 1952년까지 초대 주한 미국 대사를 역임함.

해왔다. 그러나 혹시 현재의 위기가 한반도 문제를 일거에, 그리고 전면적으로 해결할 수 있는 최선의 기회가 될지 모르겠다."(*Foreign Relations of the United States*, 1951, vol, Ⅶ, Washington, 1976)

사라예보는 보스니아 헤르체코비나의 중심 도시로, 오스트리아 황태자 부부가 암살당해서 제1차 세계대전의 발단이 되었던 곳이다. 결국 이제까지는 한반도가 발단이 되어 세계 전쟁이 일어나지 않을까 하여 자제해왔다. 그러나 이 전쟁으로 한반도가 사라예보가 되어, 전쟁이 미국과 소련을 포괄한 세계 전쟁으로 발전할 것이다. 그래서 미국과 한국이 이기면 "한반도 문제를 일거에, 그리고 전면적으로 해결"할 수 있을 거라고 말한 것이었다. 이승만은 공산주의 침략에 대결하는 미국인의 기세가 나날이 커지고 있다고 기뻐하였다. 즉 이승만은 기다리고 있던 바로 그때가 왔다고 느꼈다. 저쪽에서 공격해온다면 공격해도 좋다고 미국도 말했다. 드디어 공격해왔으니 이제부터 반격하면 통일이라고 생각하였다.

그런 생각을 갖고 있던 사람이 또 하나 있었다. 장제스蔣介石다. 장제스는 타이완으로 쫓겨가서 아무 것도 할 수 없는 상황이었다. 그런데 한반도에서 시작하여 세계 전쟁이 일어나면, 그야말로 찬스가 도래해 자신들도 중국 본토로 다시 공격해 들어갈 수 있다. 그렇다면 미국의 힘을 빌려 공산주의자를 차례로 쓰러뜨릴 수 있다. 따라서 북쪽이 공격해와서 상황이 좋아졌다고 생각한 이들은 이승만과 장제스였다. 이 두 사람은 일방적으로 공격만 받은 피해자는 아니다.

무력 통일의 기회가 왔다고 본 이승만 대통령은 이를 위해서도 자신이 포로가 되지 않는 게 가장 중요하다고 생각했다. 따라서 가능한 한 멀리 도망치려고 하였다. 무쵸 대사는 서울을 지켜 싸워야 할 때, 대통령이 도망치면 어떻게 할 것인지 필사적으로 설득하였다. 그러나 이승만은 6월 27일에 서울을 탈출하여 한국의 남쪽 끝 진해 해군 기지를 향해 도망쳤다. 실제로는 대구에 와서 너무 많이 도망쳤다고 생각하고 되돌아가게 된다.

대통령이 그래도 좋을지 모르지만, 국민은 견딜 수 없었다. 서울 시민도 필사적으로 도망쳤다. 물론 도망치지 않은 사람도 대단히 많았다.

북한은 파죽지세로 계속 진격하여 마침내 낙동강에 이르렀다. 부산 조금 위다. 북한군에 종군하던 김사량金史良이 그의 종군기에 "바다가 보인다. 남쪽 바다가 보인다"라고 쓰고 있다. 남쪽 바다가 보이는 곳까지 왔다고 하는 건 승리가 가깝고, 통일이 가깝다는 것이다. 그러나 그렇게 되지는 않았다. 미국도 증원군과 무기를 보내 필사적으로 지켰다. 맥아더는 인천 상륙 작전을 감행한다. 북한의 보급선補給線이 연결되고 있는 곳에 제공권을 완전히 장악한 미국이 하늘에서 맹렬한 폭격을 가해서 보급선은 토막토막 끊겨버렸다. 게다가 서울 가까운 인천에 상륙하자 북한군은 완전히 절단된 상황이 되었다. 인천 상륙 작전은 맥아더가 유일하게 성공했던 작전이다. 실제로 이 작전으로 북한군은 총체적으로 붕괴되어버렸다. 김사량도 행방불명이 되었고, 유명한 무용가 최승희崔承姬도 종군 위문을 왔다가 급하게 북쪽으로 도망쳤다.

　이번에는 미군과 한국군이 38선을 넘어 북으로 돌격하였다. 원래 한국군은 반드시 북진한다는 방침으로 바로 38선을 넘어서 진격하였다. 맥아더는 북한에 대해서 항복하라고 압박했는데, UN 총회에서 10월 7일에 결의가 나왔다. 안보리 결의를 전제로 해서 UN은 자유 선거에 의해 한반도에 민주적인 정권을 만든다고 선언해왔던 걸 이 기회에 실현하려고 했다. 이것은 엄청난 결의였다. 침략을 격퇴하는 수준이 아니라, 공격해 들어가서 UN이 생각한 형태로 새로운 정부를 만들겠다는 것, 즉 무력 통일을 용인하는 결의였다. 이걸 보증삼아 한국군과 미군은 북상한다. 걸프 전쟁 때에는 그런 결의가 나오지 않았다.

　한국군과 미군은 돌진하여 10월 20일에 평양을 함락시킨다. 그리고 한국군은 압록강으로 나아갔다. 한국군에게 이제 강이 보였다. 드디어 통일이 가까워졌다고 생각했을 것이다. 그런 상황에서 중국군이 개입하였다. 10월 19일부터 18개 사단, 26만 명의 대군이 압록강을 건너서 한반도에 들어온 것이다. 중국군의 참전에 대해서는 중국 내부에서 엄청나게 많은 논의가 있었다. 시종일관 마오쩌둥은 참전해야 한다고 주장했지만, 린뱌오林彪 이하 여러 사람이 반대하였다. 겨우 펑더화이彭德懷가 지지로 돌아서서 참전이 결정되었다.

　마오쩌둥은 미국이 비록 원폭을 가지고 있지만 우리는 원폭을 무서워하지 않고 싸운다는 자세였다. 앞에서 이야기했듯이, 마오쩌둥은 공산 중국이 궁극적으로 미국과 일전을 겨루어 무승부를 만들어 놓아야만 이 세상에 존재할 권리를 획득할 수 있다고 생각하였다.

한미군 철수 뒤의 평양. 입성하는 중국 인민지원군(《광영적 중국 인민지원군》)

미국과 전쟁을 한다면 어디가 좋을까? 타이완, 인도차이나, 한반도 중에서 어디가 가장 좋은가? 그 답은 한반도였다. 왜냐하면 한반도라면 소련과 함께 싸울 수 있기 때문이다. 마오쩌둥은 중국의 황제나 마찬가지였기 때문에 전쟁에서 사람이 죽는 것을 그다지 신경쓰지 않았다.

지금 되돌아보면 중국인은 한국전쟁에 대해 석연치 않은 마음을 가질 수밖에 없다. 사망자는 공식적으로 11만6천 명이라고 하나, 실제로는 100만 명에 육박할 거로 보인다. 정부는 진짜 사망자 숫자를 감추고 있다. 마오쩌둥은 사망자가 많이 나오는 걸 두려워하지 않고 과감히 대군을 보냈다. 맥아더는 중국군이 올 걸 알면서도 트루먼에게 중국군은 오지 않을 것이라고 속여서 전쟁을 진행했다는 설도 있다. 그러나 할버스탬은 맥아더가 중국군의 참전을 전혀 고려하지 않았다고 말하고 있다. 나도 그럴 거라고 생각한다. 요컨대 맥아더는 불의에 일격을 맞고 중국군에게 처참한 패배를 가듭해 도망쳐 돌아온다. 11월 24일부터 완전히 패주한 것이다. 1951년 1월 4일에 서울이 중국 인민지원군志願軍과 북한군에 의해 다시 점령당한다. 한반도의 통일을 위해 처음에는 북에서, 다음에는 남에서 국경을 넘어 공격했던 전쟁이 끝나고, 한반도에서 중미전쟁으로 전화했던 것이다. 한국인들은 견딜 수 없었다. 이제 한국전쟁은 지상에서는 중국군과 미군의 전쟁, 공중에서는 소련군과 미군의 전투가 되었다. 소련의 조종사가 파견되어, 소련이 제공한 중국군의 미그 전투기에 타고 있었다. 격추당해도 미국 점령 지역에 떨어지지 않도록 하라는 지령을 받고 싸우고 있었던 것이다.

여기서 맥아더는 중대한 결심, 즉 양자택일을 트루먼에게 요구한다. 한반도를 버리고 일본으로 철수할 것인지, 그렇지 않으면 중국으로 공격해 들어갈 것인지를 선택해야 한다, 중국을 공격하려면 원폭을 사용하자, 맥아더는 트루먼에게 그렇게 이야기했다. 트루먼은 중국군이 오지 않을 것이라고 여러 차례 이야기했던 맥아더에 대해 이제는 거짓말을 한다고 분노하였다. 결국 트루먼은 맥아더를 해임해버린다.

이처럼 양쪽 군대가 가거니 오거니 하던 가운데, 결국 38선 부근으로 전선이 되돌아온다. 그 단계에서 휴전 회담을 하려는 방향이

잡힌다. 미국은 전쟁을 할 동
력이 없어져서 여러 차례 휴
전을 제안했는데, 결국 거기
에 소련이 응한 것이다. 소
련의 UN 대사 말리크Yakov
Alexandrovich Malik[5]가 미국의
이전 국무성의 고관인 케난
George Frost Kennan[6]과 접촉했
던 게 1951년 5월 31일이었
다. 이건 소련이 자신의 의지
대로 한 것이었다. 그 뒤에 스
탈린은 중국과 북한을 모스

중국 인민지원군과 북한 인민군에 의해 점령당한 서
울(미 국가 기록 센터 소장)

크바에 불러 휴전 회담을 하도록 설득했다. 전쟁을 계속하는 것이
나쁘지 않다는 견해도 있었지만, 소련은 미군이 핵무기를 사용하면
큰일이라고 판단했다. 따라서 휴전 회담을 시작하면 핵무기는 사용
하지 않을 것이다, 휴전 회담을 하면서 전쟁을 계속하면 된다고 중
국과 북한을 설득했다. 미국은 한국 정부를 설득해야만 했다. 그러
나 이승만은 휴전 회담에 반대하였다. 그는 7월 20일에 리지웨이

---

5) 외교관으로, 1948년부터 1952년, 1968년부터 1976년 두 번에 걸쳐 UN 대사를 역임.

6) 정치가, 외교관으로 트루먼 행정부 아래서 봉쇄 정책에 앞장서고, 미소 냉전을 설계한 핵심 인물.

Matthew Bunker Ridgway[7] 장군에게 보낸 편지에서 명확하게 자신의 생각을 말하고 있다.

"우리 정부 입장의 근간은 국민을 우리 국토의 절반으로 유지할 수 없다는 것이다.""한반도가 실제 독립된 실체이기를 포기할 것인지, 아니면 모두 민주주의all Democratic거나 모두 공산주의all Communistic이거나에 상관없이 단일체로 갈 것인지 어느 쪽일지를 선택해야 한다."(FRUS, 1951, vol, Ⅶ)

이런 생각은 아마 김일성도 마찬가지였을 것이다. 그러나 결국 이승만도 휴전 회담을 받아들일 수밖에 없었다.

한국전쟁에 대한 일본인의 시각

일본은 한국전쟁을 치르는 동안 미군의 기지로 사용되었다. 전쟁이 발발했을 때 일본은 미국의 점령 아래 있어서 미군이 주둔하고 있었다. 그러나 병력수는 그다지 많지 않았고 공군의 힘도 약했다. 그래서 일본의 기지로 미국 본토에서 대량의 병력이 이동해왔고 대량의 무기와 물자가 수송되어왔다. 가장 먼저 온 건 공군이다. 당시 괌 기지에 있던 B29 폭격기가 오키나와로 옮겨졌고, 나아가 미국 본토의 B29가 오키나와의 카데나嘉手納와 요코다橫田로 이동했다.

---

7) 1951년 맥아더 원수의 해임 이후 연합군 최고사령관, 유엔군 사령관이 되었고, 한국전쟁 후 NATO 사령관과 미 육군 참모총장을 역임.

두 공군 기지에 각각 50대의 B29가 있어서 매일 폭격에 나섰다. 완전히 일본의 전쟁 말기의 본토 공습 시절과 똑 같았다.

해상 보안청은 해상의 경비를 명령받았다. 국철國鐵은 병력과 물자의 운반을 GHQ로부터 직접 명령받았다. 일본 선박 가운데 100톤 이상은 모두 GHQ가 관리하고 있었다. 이들 모든 선박을 GHQ는 전쟁을 위해 징발하였다. 요코다의 B29가 탑재한 폭탄은 미국 본토에서 배로 싣고 와서 가나가와의 옷파마追浜에서 남부센南武線의 화물 기관차로 요코다로 운반되었다. 비행기 연료도 마찬가지다. 남부센은 중요한 전략적 철도선이 되었다.

전쟁이 시작되고 바로 7월 8일에 GHQ는 일본 정부에게 7만5천 명의 경찰 예비대를 만들라고 명령했다. 일본에 있는 거의 모든 미국의 육군 부대가 한반도에 출동했기 때문에 일본에는 지상군이 없었다. 물자, 연료, 무기 저장고, 비행장, 기지 등을 지킬 무력이 필요했다. 일본의 통상적인 경찰로는 무리였기 때문에 경찰 예비대를 만들어 충당하려는 것이었다. 점령군의 명령은 절대적이었다. 요시다 시게루吉田茂 수상은 그대로 실행하였다. 이리하여 경찰 예비대는 의회의 논의도 거치지 않은 채, 맥아더의 명령에 따라 정부의 행정 조치로 만들어졌다.

그렇다면 일본의 정당은 어떤 태도를 취하였을까? 먼저 간부가 공직 추방되어 지하에 잠복해 있던 일본공산당이 7월 5일에 성명을 내보냈다. 〈전쟁의 위기에 즈음하여 모든 인민에게 호소한다〉라는 성명이었다. "전란이 우리 국토로 확대될 위험이 있다." "직간접으로 한반도의 내전에 우리나라를 관여시켜서는 안 된다.""한반도의 내전에 대한 일체의 간섭에 반대한다." 사회당도 7월 8일에 중앙위원회의 결정 〈조선 문제와 사회당의 태도〉를 내보냈다. 첫째로 "침략을 배제하고 UN에 의한 법과 질서의 유지를 정신적으로 지지한다." 둘째, 전쟁 원인은 북한이 "무력에 호소하여 한반도 통일을 감행했던 것에 있다." 셋째, 일본은 현재 연합국의 점령 아래 있기 때문에 점령군의 명령에는 따라야 하지만, "이 복종의 의무 이상으로 UN에 대해 적극적으로 협력하려는 정부의 태도"는 바람직하지 않고, "헌법의 정신"에서 보더라도 "신중하지 않다."

GHQ의 명령에 따르는 건 할 수 없지만 그 이상 적극적으로 전쟁에 협력하는 건 헌법에 반하며, UN의 결의는 정신적으로 지지한다는 것이었다. 즉 플라토닉하게 지지한다는 사회당의 이 방침은 요시다 정권이 준비하고 있던 방침과 다르지 않았다. 요시다 시게루 수상은 7월 14일 국회에서 아래와 같이 답변하였다. 북한의 침략은 "저 건너편에 난 불이 아니다", "붉은 침략자가 어떻게 이 마수를 사용할까", 우리나라도 위험에 처해 있다, UN이 무력 제재를 결의한 건 아주 당연한 일이며 지지한다. 그러나 "우리나라로서는 현재 적극적으로 여기에 참가할 것이다, UN의 행동에 참가하겠다고 말할 수 있는 입장은 아니다. 그러나 가능한 범위에서 이에 협력하는 건 매우 당연하다고 생각하고 있다." 적극적으로 참가하지 않지만 가능한 범위에서 협력하겠다는 게 요시다 수상의 최초의 생각이었다. 다음날 15일의 답변에서는 "UN의 행동에······정신적으로 협력하지만, 우리나라로서는 적극적으로 어떤 행동을 할 이유가 없다." 이번에는 "정신적으로 협력한다", 플라토닉하게 협력한다는 걸 강조하고 있다.

정신적으로 지지하지만 적극적으로 행동은 하지 않겠다는 말의 진의는 무엇인가? GHQ의 명령에는 전부 따르겠으나 주체적으로는 아무것도 하지 않겠다는 것이다. 이에 약간 아쉬움을 느낀 외무성은 8월 19일 외무성 견해로, 이 전쟁에서 중립은 없다고 강조하였다. 공산주의와 민주주의의 싸움이기 때문에 중립은 없고, 우리들은 민주주의의 입장에 서지 않을 수 없다. UN군에 대해서 "허락되는 한의 협력을 하지 않고서 어찌 일본의 안전을 지킬 수 있는가?" 이 "허락되는 한의 협력"이란 말이 강하긴 하지만 "정신적인 지지"와 얼마나 다른지는 명확하지 않았다. 기본적으로는 똑 같았다.

그 뒤에 요시다 수상은 8월 29일에 맥아더에게 편지를 보낸다. "장군이 필요로 하는 어떤 시설이나 노무도 제공할 용의가 있다. 또한 이것을 간절히 바라고 있는 건 잘못이 아니다." 그러나 "나는 우리들이 공산주의자의 침략에 대한 UN의 십자군과 협력함에 있어서 보다 많은 걸 할 수 없어서 유감으로 생각할 뿐이다."(소데이 린지로袖井林二郎 편,《요시다-맥아더 왕복 서한집》,法政大學出版局, 2000)

즉 당신이 요구하는 서비스나 시설은 제공하겠으나, 그 이상의 협력은 할 수 없다는 것이다. 이것은 꽤나 공감되는 바다.

지식인들은 9월의 평화 문제 간담회에서 태도를 표명하였다.《세카이》편집장 요시노 겐자부로吉野源三郎[8]가 중심이 되었고, 아베 요시시게安倍能成[9], 시미즈 이쿠타로淸水幾太郎[10], 마루야마 마사오丸山眞男[11], 츠루 시게토都留重人[12], 우카이 노부시게鵜飼信成[13] 등이 평화 문제 간담회 제3차 성명을 발표했다. 이게《세카이》12월호에 실렸다. 이 성명은 "전쟁은 바야흐로 지상에서 최대의 악이 되었다"고 추상적으로 주장하고 있다. 미국과 소련은 전면 충돌을 회피하려고 하고 있고, 두 세계의 병존을 고도화해가고 평화 공존을 위하여 노력할 필요가 있다. 장래에는 평화적 공존을 통해 양 체제는 접근할 것이다. '한반도 사건'은 협상으로 해결하는 게 좋다. 일본은 헌법의 평화주의에 입각하여 중립을 주장한다. 일본의 안전 보장은 전적으로 UN에 맡겨야 한다.

   이건 이상한 성명이었다. 한반도에서는 전쟁이 벌어지고 있다, 일본도 전쟁 기지가 되어 있다. 그런데 전쟁이 나쁘다는 걸 알았다

---

8) 저널리스트, 아동문학가, 반전 운동가로서 쇼와 시대를 대표하는 진보적 지식인이고, 《세카이》의 초대 편집장.

9) 철학자, 교육자, 정치가로 경성제국대학 교수를 지냈고, 패전 이후 귀족원 칙선 의원과 문부대신을 역임.

10) 사회학자, 평론가로 안보 투쟁 이전까지 전후 평화 운동에 선두에 서왔으나, 그후에는 저술 활동에 몰두함.

11) 전후 일본을 상징하는 정치학자, 사상사가로 토쿄대학 교수와 명예 교수를 지냈고, 근대주의적 입장의 '마루야마 사상사학'을 통해 천황제 국가주의를 극복하려 노력함.

12) 진보적 경제학자로 1947년에 경제안정본부 종합조정위원회 부위원장, 그후 히토츠바시대학 교수와 명예 교수를 지냈고, 이후 환경 경제학의 영역을 개척함.

13) 헌법학자로 경성제국대학 및 토쿄대학의 교수, 토쿄대학 사회과학 연구소의 소장을 역임함.

고 다른 사람 일인 것처럼 말하고 있다. 확실히 미국과 소련이 싸울 생각은 없었지만, 미국은 당시 UN군의 이름으로 한반도에서 싸우고 있었다. 그리고 당시에는 알려지지 않았지만, 소련도 북한을 응원하여 비행기 조종사를 보내고 있었다. 머지않아 평화 공존을 통해 미국과 소련이 접근할 거라는 견해는 사실은 올바른 것이었다. 그러나 당시 현실의 전쟁 속에 있었지만, 그 현실에 대해서는 아무 대응도 하지 않았다. 결론으로 헌법을 지켜 절대 중립을 지켜야 한다고 말하고 있다. 그러나 실제로는 중립이 있을 수 없었다. 일본은 통째로 미국 쪽에 붙어 있었다.

어떤 의미에서 이 성명은 대단히 학자적이라고 해야 할 것이다. 나는 이 입장을 '유토피아적 평화주의'라고 부른다. 현실 속에 있으면 그 현실에 붙잡혀서 몸을 움직일 수 없게 된다. 현실로부터 몸을 분리시켜 한 계단 위의 큰 현실로 나아간다. 현실에서 자유로워져 건너보면 앞이 보이고, 앞에 있는 훌륭한 것이 보인다. 그걸 바라보면서 현실을 비판한다. 지금은 무슨 말을 들을지라도 헌법에 따라 중립을 지키도록 열심히 노력하겠다는 것이다. 비현실적이라거나, 장래로 도망치고 있다고 비난받더라도 미래에는 분명 좋은 일이 있을 것이니 지금은 눈을 감고 열심히 애쓰겠다는 것이다. 이 입장도 어떤 의미에서는 현실적인 측면이 있다. 현실로부터 떨어지지 못하면, 전쟁에 협력할 것인가, 하지 않을 것인가 선택을 강요받을 것이다. 이 입장과 요시다 수상이나 사회당의 입장은 완벽히 도킹하고 있다. 이게 한국전쟁에 대한 일본인의 태도였다. 나도 어쩔 수 없었을 것으로 생각한다. 평판은 나쁘지만, 요컨대 전쟁에는 참가하지 않는다. 요시다 수상도 전쟁에는 참가하지 않겠다고 말하였다. 미국으로부터 하라고 명령받는다면 물자와 서비스를 제공할 뿐이다. 주체적으로는 전쟁에 참가하지는 않겠다. 사회당이나 평화 문제 간담회는 헌법에 따라서 전쟁 방기가 올바르다고 말하였다. 이 정도의 전쟁이 눈 앞에 있고, 물 밑에서는 전쟁에 전면적으로 협력하고 있었다. 그러나 자신들은 전쟁에 협력하고 있지 않다고 주장하고 있는 것이다. 그런 식으로 해서 헌법을 지키고 있었다. 그건 한반도에서 보면 어쨌든 몰인정한 것이었다.

《아사히신문》은 1950년 7월 1일자 사설에서 다음과 같이 쓰고 있다. 이웃나라 대중의 어려움에는 동정을 금할 수 없다. 그러나 일본은 이 전쟁과는 "관계 없는 제3자의 입장에 있다", "관련 없는 걸 관련 없다고 보"고 "지금 우리들이 예전의 군국주의 일본의 주민이 아닌 걸 스스로 마음에 잘 새겨두어야 하며", 미안지만 우리는 이 전쟁에 관여해서는 안 된다. 그리하여 헌법을 지키는 상황이었다.

그렇지만 일본은 전쟁에 상당히 깊게 협력하고 있었다. 해상 보안청의 소해정掃海艇은 전후 일본의 바다에 많이 깔렸던 기뢰를 제거하는 데 공적이 있었는데, 그 기술을 높이 사서 한반도에 출동하라는 명령을 받았다. 미군은 북한에 상륙하기 위해 원산항에 부설되어 있는 기뢰를 제거할 필요가 있었다. 그래서 일본 해상 보안청의 소해정이 명령을 받고 10월 10일에 출동하였다. 그 중 한 척이 기뢰와 부딪쳐 폭발해버렸다. 그때 소해정의 조리사 청년 1명이 사망하였다. 서해 쪽에도 소해정이 출동하였다.

가장 대규모의 참전은 맥아더의 인천 상륙 작전 때 이루어졌다. 일본 선원이 LST(전차 및 병력 상륙정)를 운전했던 것이다. 그때 9월 11일에 LST 47척이 출발했는데, 그 중 37척에 일본인 선원이 타고 있었다. 일본인 선원은 한반도의 바다를 잘 알고 있었다. 인천은 멀리까지 얕은 바다로, 일본인 선원들이 참전하지 않았다면 상륙 작전이 성공하지 못했을 것이다.

중국군이 출현하여 전쟁에 지고 있을 때 미 국무성은 한반도에서 철수하는 것까지 진지하게 고려하였다. 그 단계에서 아시다 히토시芦田均가 GHQ로부터 부탁받은 의견서(1950년 11월)를 보냈다. 이 거침 없는 공산주의의 파죽지세를 저지하기 위해 일본도 이 전쟁에 참가하지 않으면 안된다. 헌법을 개정하여 자위의 군대를 만들어 이 전쟁에 참가할 것이라는 게 아시다의 의견이었다. 아시다는 요시다를 향하여 "발가벗고서 훈도시[14] 하나 차고 긴자 거리를 달려갈 심산으로 사회당과 대화하여 헌법을 개정하라"고 말하였다. 요시다는 싫은 얼굴로, 아시다의 의견을 거절하였다. 요시다는 12월 28일의 기자 회견에서 "큰일났다, 큰일났다고 소란을 피워 대동아 전쟁이 났다. 위기 의식을 선동해서는 안 된다. 일단 헌법의 정신을 지킨다는 생각으로 경솔하게 재군비 문제를 입에 담아서는 안 된다. 문제는 공산당과 조선인에게 있다. 재일조선인에게 있다. 이 사

---

14) 남성의 음부만을 가리는 일본의 속옷.

람들을 억지해야만 한다"고 말하였다. 요시다는 줄곧 재일조선인을 국외로 추방하려고 생각하고 있었다. 그는 철저하게 반조선인적인 사람이었다. 그렇지만 아시다의 의견에는 단호하게 반대하였다. 그래서 요시다와 사회당의 의견은 일치했던 것이다. 요시다는 별 문제 없을 것이고, 미국이 반격에 나설 것이라고 말했다. 이것은 단순한 희망 사항wishful thinking으로, 아무 근거도 없는 것이었다. 최고 정보를 갖고 있는 미 국방성이 한반도는 위험하기 때문에 철수해야만 한다고 판단하고 있을 때, 요시다가 그걸 부정하는 근거를 갖고 있었을리 만무하였다. 그러나 결과적으로는 요시다 쪽이 옳았다.

1951년 9월 8일에 샌프란시스코 강화조약과 미일 안전 보장 조약이 체결되었다. 후자는 강화 후에도 일본은 미군에게 기지를 제공하고, 그 댓가로 미국이 일본을 지킬 걸 기대한다는 조약이었다. 미국은 재무장을 요구했지만, 요시다는 경무장한다는 것으로 도망쳤다. 미국은 병력수를 늘릴 걸 강력하게 요구했기 때문에, 강화 다음해에 경찰 예비대를 보안대로 변모시키고, 해상 경비대를 만들었다. 보안대는 계속 경찰을 모델로 하였지만, 해상 경비대라는 건 제국 해군을 모델로 삼고 있었다. 중심에 있는 이들은 옛날 일본 해군이었다. 이것은 몇 해 전에 NHK가 극비 자료를 입수하여 명확히 밝히고 있다. 오늘날의 해상 자위대는 전쟁 이전의 일본 해군의 깃발을 내걸고 있다. 육상 자위대와는 다르다. 그러나 어쨌든 요시다는 헌법 개정은 하지 않았다. 나아가 한국전쟁이 1953년에 끝나고, 1954년에는 자위대가 생겨난다. 이때도 헌법 개정은 하지 않는다.

전후 일본의 국가적 틀은 1945년에 전쟁이 끝나고 곧장 만들어진 게 아니라, 한국전쟁이 끝나고 나서 완전히 만들어진 셈이다. 아시아 · 태평양전쟁 + 한국전쟁에 의해 만들어진 모습이 전후 일본의 국가적 틀, 즉 현재까지도 지속되고 있는 일본의 틀인 것이다.

재일조선인의 복잡한 심정

식민지 지배가 끝난 뒤에도 일본에 남았던 조선인은 커다란 문제에 직면하였다. 1947년 5월 2일, 일본국 헌법이 시행되기 전날에 외국인 등록령이 발표되었다. 그 이전까지 일본에 있던 조선인이나 타이완인은 일본 국적을 갖고 있었다. 그러나 이때 특례로 조선인과 타이완인은 "당분간 외국인으로 간주하는" 외국인 등록령에 따라주기 바란다는, 일본 국적을 갖고 있던 사람에게도 적용된 이상한 특례였던 것이다. 그리고 1948년에는 조선인의 민족 교육 탄압에 대해서 한신阪神 교육 투쟁이 일어났고, 1949년에는 조련(재일본 조선인 연맹)이 "반민주주의적, 폭력주의적인 단체"라고 해서 해산당하였다. 공산당 탄압의 사전 징후로 조련이 해산당했고, 일본에 있던 조선인은 기댈 단체를 잃어버리게 되었다. 그 뒤에 일본공산당 안에 민족 대책부(民對)가 만들어지고, 그게 재일조선인 운동을 지도하게 된다. 민대의 간부는 박은철 이하 조선인이었다. 그러나 1950년에 한국전쟁이 일어나기 직전에 공산당 간부가 공직에서 추

방당하고 당 간부의 절반이 지하에 잠적하는 상황이 되었다. 그래
서 민대는 한국전쟁이 발발한 지 3일 뒤에 조국 방위 위원회, 이른
바 '조방위'를 조직할 걸 결정하였다. 다음해는 민전民戰, 곧 재일조
선인 민주 전선을 만들었다. 이것들은 대중 단체였다. 조방위는 훨
씬 정치적인 전위 단체였다.

전쟁이 시작되었을 때 재일조선인 청년의 반응은 전진식全鎭植
의 회상에서 살펴볼 수 있다. 그는 사쿠라 그룹, 모란봉 그룹의 총수
로 평양에서 합작 기업을 만드는 데 선두에 섰던 사람이다. 1995년
에 죽었다. 그의 회상,《우리 조선, 나의 일본》(平凡社, 1993)에서 "비
합법 레지스탕스 운동에 투신해야만 했다"고 말하고 있다. 자신들
이 지지하는 조선민주주의인민공화국에서 전쟁이 벌어졌기 때문
에 자신들도 여기 일본에서 비합법 레지스탕스 운동을 해야만 했던
것이다. 당시는 삐라를 뿌리는 것도 비합법이었다. "'재일 애국 청년
당신들은 가라앉지 않는 항공모함 일본 열도에 내린 낙하산 부대
다.' 평양 방송의 단파에 피가 들끓었다."

재일조선인은 일본에 내린 낙하산 부대란 건 상당히 미묘한 표현
이다. 그러나 확실하게 조방위의 개전 1주년 삐라에도 그런 표현이
있었다. 이 생각은 북에서 왔을 것이다. 재일조선인이 일본에 낙하
산으로 내려온 부대라는 건 황당무계한 얘기다. 그러나 그렇게 자
리매김되었다. 남과 북이 전쟁을 하고 있었다. 남쪽은 미국이 응원
하고 있었다. 북쪽에는 소련과 중국이 관여하고 있었다. 재일조선
인 대다수가 북쪽을 지지하고 있는 이상, 북을 도와 북이 승리하도

록 노력해야 하고, 또 노력해주기 바란다는 것이다.

한편 일본공산당은 혼란에 빠져 있었지만, 1951년 10월이 되자 모스크바에서 새 강령이 만들어졌다. 도쿠다 규이치德田球一 등이 모스크바에 가서 스탈린과 논의해 만든 강령이었다. 미 점령군과 실력으로 싸우겠다는 생각이었다. '중핵 자위대'를 조직하여 GHQ와 싸우겠다는 군사 방침이었다.

민전 쪽은 그 직후인 1951년 12월에 제2회 대회를 열어 강령의 제7항 "조선민주주의인민공화국의 사수"라는 표현을 삭제했다. 일본공산당의 민대가 지도하여 박은철의 의견으로 삭제되었다. 이 강령은 협소하며, 재일조선인 전체를 결집하는 데에도 좋지 않다는 이유에서 다수결로 채택되었다. 이것을 끝까지 반대했던 이가 뒤에 총련總連을 만든 한덕수韓德銖였다고 전해진다. 그는 끝까지 조선민주주의인민공화국을 사수한다는 항목을 남겨두어야 한다고 주장했다. 여기에서 역시 일본에 있기에 일본을 생각해야 한다는 노선과 조선민주주의인민공화국 사이의 관계를 중시해야 한다는 노선이 갈린 것이다.

1952년 1월 17~20일에 조방위가 전국 회의를 열었고, 거기에서 박은철이 보고하였다. "일반 대중에게 손해를 주어서는 안 된다." 우리들의 실력 투쟁은 일반 대중, 일본인 대중에게 손해를 주어서는 안 된다. "예컨대, 발전소나 철도 노선의 파괴는 일반 대중의 불만을 사게 되"기 때문에 해서는 안 된다. 그렇게 주장하였다. 이건 GHQ의 자료에 있고, 남기정 씨의 박사 논문에도 씌어 있다. 대단히 중요한 정보이지만 다른 데에는 나오지 않는다.

이 사람들에게는 일본에서 날아간 B29가 북한을 폭격하는 건 큰 일이었다. 북한 전체가 석기 시대로 되돌아갔다고 말할 정도로 도시가 모두 파괴되었다. 1950년 10월, 전쟁 초기에 평양 상공을 비행한 정찰기에 동승한 AP 기자는 "북한의 수도는 공중에서 보면 죽음이 지배하는 텅 빈 성채로 보인다. 더 이상 도시가 아닌 것 같다. 살아 있는 사람은 급작스런 페스트로부터 도망쳐버렸다. 죽은 자들의 어두운 커뮤니티, 검게 타버린 유령 도시 같았다. 이 도시는 희망이 없는 암 병동 같았다"고 쓰고 있다.

뒤에 1952년 7월 11일에 평양이 최종적으로 폭격당했다. 처음에는 7함대 항공모함의 탑재기였다. 저녁이 되면 요코다와 카데나에서 B29 54대가 출격해 폭격을 했다. 1,254회의 출격이 있었고, 한국전쟁 최대의 공습이었다고 말해진다. 2만3천 갤런의 네이팜탄이 투하된 결과, 평양 방송에 따르면 1,500채의 건물이 파괴되고 7,000명의 사망했다고 한다. 개전 이후 이 시기까지 재건된 건물도 있었겠지만 거의 모두가 파괴당한 것이다.

따라서 조방위에게는 요코다 기지에서 B29가 출격하는 걸 저지하는 게 사활적인 문제였다. 베트남 전쟁 때 우리들은 요코다 기지를 포위하여 "자, 여기에서 전쟁 기계를 저지하자", "요코다 기지를 마비시키자"라고 하면서 연을 날리거나 풍선을 띄웠다. 그런 행동으로 비행기의 발착을 저지하겠다는 행위를 한 것이다. 요코다 기지에서 베트남으로 폭격기가 날아가지 않았기 때문에, 실제로 연이

나 풍선으로 방해하지는 않았지만 일종의 상징적인 행위였다. 그러나 한반도를 폭격하는 B29가 요코다에서 매일 날아가고 있는 상황에서 전쟁 기계를 막으려고 한다면 항공기 연료와 폭탄을 운반하는 남부센이 문제가 된다. 진짜 합목적적으로 효과만을 생각해 실행한다면 철도 노선을 파괴하면 된다. 철도 노선이 파괴되면 연료나 폭탄을 수송할 수 없다. 요코다 기지가 마비될 것이다. 공습은 불가능하게 된다. 따라서 북한 쪽에서 보면 당연히 그렇게 해주었으면 하는 기분이 있었을 것이다. 그러나 그것은 끝내 이루어지지 않았다. 모든 자료를 조사해보아도 그런 사실은 없다. 고바야시 토모코小林知子 씨의 박사 논문에서도 그런 것은 이루어지지 않았다고 말하고 있으며, 남기정 씨의 박사 논문에서도 그런 건 언급하고 있지 않다.

두 가지 견해가 있을 수 있다. 일본공산당 민대의 지도부 박은철이 그런 걸 하면 일본인과의 관계가 붕괴되고 우리 운동이 성립할 수 없다, 따라서 그런 걸 하면 안 된다고 하면서, 결국 일본공산당 쪽에서 억제했다고 보는 것이다. 또 하나는 재일조선인 중에 청년들이 그런 발상이 냈다고 해도 간부들이 그건 안 된다, 남부센의 노선을 파괴하면 주민의 피해가 얼마나 클지 헤아릴 수 없다, 우리가 일본에 거주하는 이상 그런 걸 해서는 안 된다고 생각하는 사람이 있었다고 보는 것이다. 이것은 모두 상상이다. 자료가 없기 때문에 생각해본 것뿐이다. 그러나 이건 대단히 중요한 지점이다.

한국전쟁 당시의 소란騷亂으로 유명한 건 히라카타枚方 사건과 수이다吹田 사건이다. 1952년 6월 24일, 개전 2주년 전야에 히라카타

시에서 사건이 일어났다. 히라카타 시는 오사카와 교토 사이에 위치하여 전전에는 군대의 무기창이 있었다. 전후에는 고마츠小松 제작소가 불하를 받아 볼 폭탄을 만들고 있었다. 폭탄이 지상에 떨어지면 강철 볼이 흩어져 날아가는 폭탄이었다. 이 공장이 습격을 받았다. 일본공산당의 공작대와 조방위의 돌격대가 했다고 한다. 행동했던 사람의 숫자는 전체 100명 정도로, 시한폭탄은 200개를 설치하였으나 한 발만 폭발하고 공장 기계가 파괴당했다. 게다가 화염병을 던져서 고마츠 제작소 사장의 집을 태워버렸다. 100명이 참가한 행동으로, 65명이 체포당했다. 일본공산당은 이건 멋대로 한 것이기 때문에 자신들은 관계 없다고 하는 태도를 취했다.

　같은 달에 오사카의 수이다에서 사건이 일어났다. 이 행동의 지도자였던 재일조선인 1세 부덕수夫德秀 씨는 이렇게 썼다. 당시 이타미伊丹 비행장에서 B29가 출격하고 있다고 생각했기 때문에 이에 항의하는 집회가 오사카대학 도요나카豊中 캠퍼스에서 계획되었다. 게다가 또 하나는 "당시 오사카의 여기저기서 제조된 무기나 폭약을 국철의 화물차로 운반해 수이다 조차장操車場으로 모아서 고베 항에 있는 미군 병참 기지로 보내고 있었다. 때문에 수이다 조차장에서 데모를 해 무기를 한반도에 보내는 걸 1분, 10분이라도 지체시킨다면 그만큼 동포의 생명을 구하는 데 도움을 될 것이라고 마음속 깊이 생각하고 있었다"는 것이다. 실제로는 후자의 목표가 채택되었다. 그날 데모대는 수이다 조차장에 들어갔지만 그런 화물을 전혀 발견할 수 없었다. 따라서 거기서 돌아와 오사카의 메누키目抜き

거리의 미도스지御堂筋에서 한국전쟁 반대 데모를 하였다. 거기에서 경찰과 충돌하게 되었다. 수이다에서 군용 화물차를 저지한다는 계획이 실제로는 미도스지의 데모가 된 것이다. 신고하지 않은 데모로 "체포자는 대략 250명, 기소된 게 111명"이다. 이 중에 조선인도 65명이나 있었다.

휴전―통일도, 평화도 이루어지지 않은 채

휴전 회담은 1951년 7월 10일에 시작하여 결국 1953년 7월 27일에 휴전협정이 체결되었다. 왜 이렇게 시간이 걸렸느냐 하면 포로 문제 때문이었다. 중국과 북한은 포로를 원래의 나라로 되돌려 보내는 게 제네바 조약에서 국제적으로 결정된 원칙이라고 주장하였지만, 미국은 자유를 위해서 전쟁을 했기 때문에 포로는 희망하는 곳으로 보내는 걸 원칙으로 하자고 주장하였다. 타이완의 특무기관이 포로 수용소에서 공작을 한 것도 영향을 미친 것 같은데, 중국 인민지원군 포로 중에서 타이완으로 가겠다는 자들이 많이 나왔다. 중국 쪽은 절대 인정할 수 없다고 하였다. 한편 북한은 미국에 의해 엄청난 폭격을 받았기 때문에 김일성은 전쟁을 그만두고 싶어 했다. 따라서 포로는 어떻게 해도 좋다, 가고 싶은 곳으로 가도록 해도 좋다고 하면서 마오쩌둥에게 교섭의 타결을 종용하였다. 당연히 마오쩌둥에게 한 마디로 거절당했다. 이제까지 열심히 싸워왔는데,

미국의 말대로 하면 안 된다. 그런 말을 하면 스탈린에게 보고해버리겠다고 으름장을 놓았다. 김일성은 그건 곤란하다, 전쟁을 계속하겠다는 답장을 보냈다. 그걸 들은 스탈린은 김일성의 기분은 알지만 마오쩌둥이 하자고 하면 그렇게 해야 한다는 태도를 취한다. 어쨌든 이런 경과가 있어서 교섭은 매듭지워지지 못했고 타결이 늦어진 것이다.

한편 한국 쪽에서는 통일을 달성하지 못한 채 전쟁을 끝낼 수 없다는 생각이었다. 그에 따라 포로는 돌아가고 싶은 곳으로 보내야 한다, 공산 쪽이 불평하면 포로를 해방시켜버리겠다고 생각하였다. 실제로 이승만은 포로 수용소의 문을 열어 몇 차례나 포로를 해방시켜버렸다. 이승만의 생각은 앞에서 인용했던 1951년 7월에 리지웨이 사령관에게 보낸 편지에서 잘 나타나고 있다. 통일하지 않는 한 한반도는 독립국이 될 수 없다, 따라서 통일할 때까지 전쟁을 하자는 게 이승만의 생각이었다. 한국에게는 공습이 없었기 때문에 그런 근심 걱정이 없었던 셈이다.

휴전협정이 조인되자 1953년 7월 28일에 평양에서는 11만 시민이 모여 거대한 축하 집회를 개최했다. 우리가 이겼다는 것이다. 이겼다고는 말할 수 없는 상황이지만, 더 이상 미국의 폭격은 없어졌고 이제 공습으로부터 해방되었다고 하는 점에서 시민들은 마음속으로 기뻐했던 것이다. 김일성은 그 집회의 연설에서 결국 미국 제국주의는 우리를 이기지 못했다고 하면서 이렇게 말하고 있다. "우리 조선 인민은 우리의 평화적인 도시와 농촌을 불탄 폐허로 만든 미군 기지가 일본에 있고, 또 일본이 한국전쟁에서 미군의 무기 창고 기지였던 걸 잘 알고 있다."

김일성이 연설하지 않아도 모두 알고 있는 사실이었다. 하지만 이 축하 대회에서 그가 굳이 이렇게 말한 건 일본에서 날아간 B29가 얼마나 무서웠는지를 잘 보여주고 있다.

한국 쪽은 어떠했는가? 서울은 초상집 같은 분위기였다. 이승만 대통령이 절대 이런 휴전은 안 된다고 버티고 있었기에 좋다고 말할 수 있는 사람은 아무도 없었다. "억울하다"고 하면서 울었다. 토쿄의 한국 대표부도 창문을 닫고 쥐 죽은 듯이 조용히 있을 뿐이었다. 재일조선인 조직이 크게 기뻐했던 것과는 대조적이었다. 휴전협정이 체결된 뒤 3개월 이내에 정치 회담을 열고 군대의 철수와 평화에 관해 협상하였다. 협상은 1954년 제네바 회의에서 이루어졌지만 타결되지 않은 채 휴전협정대로 지속된다. 이후로 오늘날까지 평화 협상은 이루어지지 않고 있다.

한국전쟁이란 무엇인가

결국 한국전쟁은 무엇이었을까? 나는 세 가지를 지적하고 싶다. 첫째로, 한국전쟁은 사실은 "제4차 한반도 전쟁"이라는 것이다. 제1차 한반도 전쟁은 도요토미 히데요시의 전쟁이다. 일본이 한반도에 쳐들어가서 북상하여 평양을 점령하자 명나라 군대가 출전하였다.

한반도 전쟁이 명일전쟁이 되었다. 제2차 한반도 전쟁은 청일전쟁이다. 일본군이 서울을 점령하여 국왕, 왕비를 포로로 삼았다. 그리고 평양에서 청나라 군대와 싸웠다. 한반도 전쟁이 청일전쟁이 되었다. 제3차 한반도 전쟁은 러일전쟁이다. 일본이 한반도를 점령하여 한국 황제를 굴복시켜서 보호국으로 만들기 위해 의정서에 조인토록 하였다. 여기까지는 한반도 전쟁이다. 그 위에 만주에 들어가러일전쟁이 되었다. 따라서 1950년에 일어난 한국전쟁은 제4차 한반도 전쟁이라고 할 수 있다. 이번에는 한반도 내부에서 일어난 전쟁이었는데, 각각 원군을 찾았던 결과 중미전쟁이 되었다. 한반도에서의 전쟁은 이웃나라를 연루시키는 전쟁이 된다는 비슷한 현상이 반복해서 일어나고 있다. 이런 역사는 단절되어야만 한다.

둘째로, 마지막 한반도 전쟁은 '동북아시아 전쟁'이 되었다. 남북한의 전쟁에서부터 중미전쟁으로 확대되었다. 그리고 소련이 북한과 중국을 돕고 소련 비행사가 중국 공군으로 참전했다. 일본도 미국의 기지가 되어 객관적으로는 전면적으로 지원하였다. 그리고 타이완도 나라의 운명을 걸고 미국을 도왔다. 미국을 포함한 동북아시아 7개국 모두가 참가한 전쟁이 된 것이다. 그리고 전쟁은 이 7개국의 운명에 결정적인 영향을 미쳤다. 일본과 타이완은 직접 전쟁에 참가하지 않았지만 가장 이익을 많이 본 존재였다. 이 전쟁이 없었다면 타이완은 중국공산당 군대의 공격을 받고서 지금과 같은 모습을 유지하지 못했을 것이다. 일본도 이 전쟁을 거쳐 나라의 모습이 결정되었다.

셋째로, 이 전쟁은 '새로운 아시아 전쟁'의 일부를 이룬다. 제2차 세계대전이 끝나고 일본의 전쟁 시대도 끝났다. 청일전쟁에서 시작하여 거의 50년 동안 계속된 전쟁의 시대였다. 그렇다면 동북아시아에 평화는 왔는가? 전혀 그렇지 않다. 동북아시아에서는 바로 새로운 전쟁이 시작되었다. 이건 새 아시아 전쟁이라고 말할 수 있다. 최초에 중국에서 국공 내전이 일어났고, 인도차이나전쟁이 일어났고, 뒤이어 한국전쟁이 일어났고, 마지막으로 베트남전쟁이 일어났다. 새로운 아시아의 전쟁은 30년 동안 계속되었다. 종종 이 시대를 아시아에서의 냉전 시대라고도 불렀지만, 이는 잘못이다. 냉전은 유럽의 현상으로, 아시아에서는 진짜 전쟁이 일어났다. 공산주의자와 비공산주의자가 무기를 가지고 싸운 전쟁이었다. 미국은 중국 내전과 인도차이나전쟁을 제외하고 모든 전쟁에 참전하였다. 일본만이 이들 전쟁에 참전하지 않았다. 곧 일본만이 냉전 속에 있었던 것이다. 오랜 평화 가운데 있었던 것이다. 이 지역에서 냉전 현상은 일본에서만 나타나고 있다. 아시아가 잔혹한 전쟁을 하고 있는 가운데 일본만이 평화를 유지하고 있었다. 그건 일본의 운명이었다. 이 시대에 일본은 한 명의 병사도 전사하지 않고 한 명의 적군도 죽이지 않았다. 일본인은 한국전쟁에서 한반도 사람들의 고통, 슬픔에 무관심하여 그 전쟁으로부터 오로지 이익만 봤다. 그래도 일본이 그 전쟁에 주체적으로 참가하지 않았던 건 좋았다고 생각한다. 장래를 향해, 이웃나라의 평화를 위해 무엇을 할 수 있는가를 깊게 생각해 둘 필요가 있다.

6장_ 관련 연표

1942년 2월 16일	김정일 탄생(소련 보로실로프 항일유격대 야영지에서)
1950년	한국전쟁 때문에 중국으로 피난
1964년	김일성종합대학 졸업 뒤 당 중앙위원회 조직 지도부에 들어감
1969년	선전선동 부부장이 되어 항일 투쟁을 묘사한 영화 제작 지도
	성혜림과 결혼(1960년대 말)
1970년대 말	고영희(오사카 출신의 재일조선인)와 재혼
1994년 7월 8일	김일성 사망
1995년 5월 1일	군부대 방문 개시
1997년 10월 8일	조선노동당 총서기에 취임
1998년	'강성 대국 건설'의 슬로건 제시
1999년 6월 16일	세 신문 공동 사설 '선군 정치' 언급
2000년 6월 15일	남북 정상 회담 공동 선언
2002년 9월 17일	북일 정상 회담, 북일 평양 선언
2004년 5월 22일	제2차 북일 정상 회담
2010년 9월 28일	노동당 대표자회 개최. 당 정치국 재건, 김정은 등장

6

북한의 지도자 김정일과 일본

알려지지 않은 지도자 이미지

조선민주주의인민공화국은 현재 지도자 김정일의 나라다.[1] 이 사람의 단독 통치는 2010년으로 18년째지만, 지도 당의 정치국원이 된 것부터 헤아려보면 36년이나 된다. 그래서 김정일에 초점을 맞추어 오늘날의 북한과 일본 사이의 관계에 관하여 살펴보자.

김정일에 관해서 아주 좋은 자료를 입수하기는 어렵다. 평양에서는 《김정일 — 주체 혁명 위업의 완성을 위하여》라는 제목의 최초의 저작집이 1987년부터 나왔지만, 1, 2, 3, 5권밖에 알려지지 않았다. 제1권은 1964년부터 1971년까지를 다루고 있다. 그 뒤에 《김정일 선집》의 출판이 1992년부터 시작되었다. 그러나 내가 평양에 가서 구입하거나, 서점을 통해서 구입한 것은 1, 2, 9~15권

---

1) 이 책의 원본은 2010년에 발간되었기에 김정일의 생존이 전제되고 있음.

등 9권뿐이다. 빠져 있는 책들도 출판되어 있다고 생각하지만, 알지 못한다. 이 판에서는 1, 2권에서 1964년부터 1972년까지를 다루고 있다. 2009년부터 《김정일 선집》 증보판 1, 2, 3권이 나왔다. 1권은 1960~1964년의 저작, 김일성대학 학생 시절의 것, 2권은 1964~1968년, 대학을 졸업하고 나서부터 당 중앙위원회의 기구에서 활동하던 시절의 것, 3권은 1968~1971년, 당 서기가 되기까지의 것들이다. 상당히 흥미로운 자료다.

전기는 여러 가지가 나와 있다. 가장 새로운 건 《김정일전》(白峰社, 2004~2006)이 있다. 이건 토쿄에서 일본어로 출판된 것으로, 평양에서 영어판 등 여러 나라 판으로 나왔지만 한국어판은 아직 나오지 않은 것 같다. 3권은 2000년 고이즈미小泉 수상과 북일 정상 회담을 하기 전까지 다루고 있다.

그 밖에도 중요한 문헌이 몇 개 있다. 가장 중요하다고 생각되는 건 《우리 당의 선군 정치》다. 이건 2006년에 평양의 조선노동당 출판사에서 발행한 것이다. 다음으로는 《존경하는 어머님은 경애하는 최고사령관 동지에게 한정 없이 충실한 충신 중의 충신이셨다》라는 16쪽짜리 문헌이다. 조선 인민군 출판사에서 2002년 8월에 발행했는데, "군대 내부에 한정한다"라고 씌어 있다. 몰래 옌지 조선 자치주에 유출된 것이 일본에 들어온 것이다. 여기에서 말하는 어머님은 김정일의 두 번째 부인 고영희高英姬다. 이 자료는 스즈키 다쿠마鈴木琢磨 씨의 《대포동을 껴안은 김정일》(文春新書, 2006)에서 다루어져 유명해졌다. 이에 대해서는 뒤에서 다룰 것이다.

한국에서는 이전에 중앙일보 기자였던 정창현鄭昌鉉 씨의《곁에서 본 김정일》이 있다. 이건 1999년부터 2000년에 걸쳐서 몇 번판을 거듭한 책인데, 새 책은《북한의 CEO 김정일》이란 제목으로 2007년에 중앙북스에서 나왔다. 일본에서는 사토 히사시佐藤久 씨가 번역하였지만 아직 출판되지 않았다. 이건 북한에서 망명한 신경완申敬完의 증언에 근거하여 쓴 책이다. 신경완이란 인물은 노동당 기구에서 김정일과 같은 부서에서 일을 했던 사람으로, 북한의 내부 정보를 전해주는 가장 신뢰할만한 책으로 보인다. 수 없이 많은 김정일에 관한 책 중에서 대단히 중요한 책이다. 이 책이 아직 일본에 소개되지 않는 건 이상하다.

그리고 성혜랑成蕙琅의《아득한 북한北朝鮮はるかなり》(상, 하)가 2001년에 분게이슌쥬文藝春秋에서 나왔다. 김정일의 첫 번째 부인 성혜림成蕙琳의 언니가 쓴 회상이다. 성혜림은 김정일의 장남 김정남金正男을 낳았지만, 정신병으로 모스크바로 보내졌다. 여러 논의가 있을 수 있지만, 상당히 진실한 책이라고 나는 생각한다.

마이니치신문 기자 스즈키 다쿠마 씨의 책은 선군 정치는 후계자 문제와 결부되어 있는 체제다, 즉 선군 체제는 자기 자식을 후계자로 만들겠다는 의도로 만들어진 체제라는 생각을 제시하고 있다. 따라서 2002년의 '어머님 캠페인'을 중요하게 취급하고 있다. 스즈키 씨는 자료와 문헌에 근거하여 연구를 하는 사람으로, 소문 따위를 내세워 무책임한 말을 하는 사람이 아니다. 교토통신사의 대표적인 북한 관찰자 히라이 히사시平井久志 씨도《왜 북한은 고립되는

가 — 김정일 파국으로 향하는 '선군 체제'》(新潮選書, 2010)를 내놨다. 진지한 책이기는 한데, 센세이셔널한 제목을 붙여서 유감이다.

그리고 마지막으로 TV 프로그램인데, NHK 스페셜의 〈비록秘錄 북일 협상 — 알려지지 않은 '핵'의 공방〉(2009년 11월 8일 방영)이 있다. 이건 북일 정상 회담의 극비 기록을 외무성에서 입수하여 소개한 프로그램이다. 이런 것이 어떻게 가능한지 놀랍지만, 매우 중요한 자료를 전하고 있다.

자료들은 이 정도인데, 여러 가지 잡다한 것들뿐이다. 김정일이 극도로 정보가 폐쇄된 나라의 현역 지도자이기 때문에 그런 게 아닌가 하는 생각이 든다.

그런데 북한은 일본의 가장 가까운 이웃나라의 하나이지만, 일본이 지구상에서 국교를 맺지 못한 단 하나의 나라이며, 현재 양국 관계는 최악이다. 무역도 하지 않으며 배나 비행기도 다니지 않는다. 일본인은 전적으로 북한은 위험한 나라, 꽤씸한 나라로 생각해 나쁘게만 보고 있다. 북한이 일본을 어떻게 보느냐에 대해서는 생각도 하지 않는다. 그래서 북한 쪽, 즉 조선민주주의인민공화국의 지도자 김정일이 일본을 어떻게 보고 있는가를 염두에 두고서 이야기를 진행하려 한다.

항일유격대원의 자식

김정일은 1942년 2월 16일에 태어났다. 북한이 발표한 생년월일이다.

이에 관해서 다른 얘기를 하는 사람도 있다. 훨씬 일찍 태어났을 수도 있다고 하는 이도 있으나, 나는 이것까지 의심할 이유는 없다고 생각한다.

아버지는 말할 것도 없이 김일성으로, 어머니는 김정숙金貞淑이다. 이제 동일한 발음이지만 貞자를 正으로 바꾸어 正淑으로 표기하고 있다. 오래된 중국 문헌에서 貞자를 사용하고 있어서 여기에서도 거기에 따른다. 어머니 김정숙이 항일유격대 대원이었다는 건 3장에서 서술한 대로다. 곧 아버지나 어머니 모두 항일유격대원이었던 것이다.

북한의 발표에 따르면, 출생지는 한반도 국경 내의 백두산 산기슭에 있는 비밀 군영, 즉 아지트에서 태어난 것으로 되어 있다. 나무로 둘러싸인 조그만 집 뒤쪽에 산이 있는데, 그 산은 이제 정일봉으로 불리우고 있다. 당연히 여기는 성지가 되어 많은 청소년이 방문하고 있다. 그러나 이 출생지에 관해서는 외국의 역사가가 의문을 제기하고 있다.

항일연군 제1로군 제2방면군 사령의 지위에 있던 김일성이 1940년 9월에 소련 땅으로 도망칠 때 김정숙도 동행하였는데, 두 사람은 소련 땅에 들어가기 직전에 동지들에게 결혼을 알렸다. 당

시까지 1년 동안은 일본군
의 강화된 토벌 작전으로
인해 도망다녀야 하는 고
초의 시기였다. 소련 땅으
로 도망쳤기에 결혼도 할
수 있었다. 소련 땅에 들어
가 보로실로프(현재의 우수
리스크)에 있는 야영지에

1945년 무렵의 김정일. 아버지 김일성과 더불어(메클레르 제공).

머물렀다. 이 보로실로프 야영지에 머물던 항일유격대 대원의 명부
(1942년 4월 18일 작성)가 중국공산당의 자료에서 나왔다. 거기에 김
정숙의 이름이 있다. 그 날짜가 김정일 출생 2개월 뒤기 때문에, 김
정숙이 이 야영지에서 김정일을 낳았을 거라고 생각하는 것이다.

이 결론은 북한의 발표와 다르다. 북한에서는 김정일이 백두산
비밀 군영에서 태어났다고 주장하고 있다. 나는 이 차이를 별로 중
시할 필요가 없다고 생각한다. 중요한 건 어쨌든 김정일이 항일유
격대의 야영지에서 항일유격대원 양친 사이에서 태어났다는 사실
이다. 그 아이의 자장가는 일본에 대해서 복수할 것이다, 언젠가는
일본 제국주의에 이긴다는 항일유격대의 노래였다. 그런 환경과 분
위기 속에서, 그리고 그런 정신으로 키워져 성장한 사람이란 게 가
장 중요하다. 백두산 비밀 군영에서 태어났는지 여부가 북한 사람
들에게는 중요할지 모르겠으나, 우리에게 중요한 것은 그 문제가
아니다. 북한 건국의 지도자가 항일유격대의 사령관이었고, 그 후

계자도 항일유격대의 캠프에서 태어난 사람이다. 결국 '항일'이 이
사람이 타고난 태반이라는 게 우리에게는 대단히 중요한 일이다.

청년 시절 — 유격대 국가의 연출가

　어린 시절에도 여러 어려운 일이 있었다. 김일성이 소련에서 한
반도로 돌아온 건 1945년 9월 19일이다. 김정숙은 자식과 함께 그
뒤에 귀국하였다. 1945년 말 쯤이다. 김정일은 3세였다. 처음에는
그런대로 좋은 생활이었다. 그러나 어머니 김정숙이 1949년에 죽
고, 김정일은 4살 연하의 여동생 김경희金慶喜와 함께 남겨졌다. 김
일성은 비서 김성애金聖愛와 재혼하여 3명의 자식을 더 낳는다.

　1950년이 되자 한국전쟁이 벌어졌다. 평양도 점령당하자 8살인
김정일은 중국 땅으로 피난하여 불안한 나날을 보냈다. 전쟁이 끝
나고 나서 초고급중학교를 졸업하고, 1960년에 김일성종합대학에
입학하여 1964년에 졸업하였다.

　졸업하자마자 바로 조선노동당 중앙위원회 조직 지도부에 들어
갔다. 조직 지도부 부장은 숙부 김영주金英柱, 김일성의 동생이었다.
당시에는 어딘지 모르게 김영주가 김일성의 후계자라는 분위기가
있었다. 1966년에 김정일은 조직 지도부의 중앙 지도과 책임 지도
원으로 승진한다. 눈에 띄게 두각을 나타내어 책임 있는 지위로 승
진했던 것이다.

그러던 중에 1967년에 결정적인 사건이 일어난다. 갑산甲山파가 일소된 것이었다. 이들은 박금철朴金喆 등 보천보 작전을 한반도 쪽에서 도왔던 국내 공산주의자들로, 노동당의 중요 간부가 된 사람들이다. 이 사람들이 지도부에서 일소되고, 만주파 단독으로 당을 지배하게 되었다. 김일성 사상이 절대 유일한 사상 체계로 선언되었다. 그때에 "항일유격대처럼 혁명적으로 살아 나가자"(《노동신문》, 8월 24일)란 슬로건이 제출되었다. 갑산파를 제거한 뒤 항일유격대원, 빨치산으로 무기를 들고 싸운 사람들만 중요하게 취급받기 시작했다. 더욱이 항일유격대가 모든 중심으로, 국민 모두가 항일유격대원이라고 생각하고 살아가도록 요구받았다. 유격대의 총사령관은 김일성이고, 그를 중심으로 해서 국민 전체가 유격대원이라고 생각하고서 살아가야 한다는 사고방식이 제출된 것이다. 이것이 바로 '유격대 국가'의 건설이다. 이때 김정일이 '유격대 국가'의 사상을 여러 측면에서 선전하고 전달하는 역할을 맡게 된다.

구체적으로는 우선 1968년에 보천보 전투 전적지 정비를 지도했던 게 알려져 있다. 보천보 전투는 누구의 공적인가? 그건 김일성의 공적이었다. 김일성 부대를 맞아들인 공산당 조직의 박금철 등의 역할은 작았다. 바로 그런 취지로 보천보 전투 전적지를 정비하는 일을 김정일이 추진하였다. 보천보에 김일성과 그의 부대의 거대한 기념물이 건설되었다.

1969년에는 선전선동부 부부장이 되어 영화 〈피바다〉 제작을 지도하였다. 이 영화는 일본군에게 남편을 잃은 여성이 항일 투쟁에 눈을 떠 자식을 항일유격대원으로 키운다는 내용이다. 김정일은 이 영화의 제작을 지도하였다. 이 영화는 가극으로도 만들어졌다.

이 사이에 북한은 베트남전쟁에 호응하여 한국에 게릴라, 유격대를 파견하였다. 1968년 1월에 대통령 관저인 청와대 뒷산에서 습격 사건이 일어났다. 나아가 그 며칠 뒤에는 미국의 스파이 배 푸에블로호를 나포하는 사건이 벌어졌다. 김정일은 푸에블로호 사건에 대해 미국에 강경한 태도로 임하도록 김일성에게 의견을 상신했다고 한다. 그러나 이 단계에서는 어쨌든 그의 주요한 활동은 역사 교육이나 영화 제작이었다.

그러던 중 김정일이 점차 주목을 받게 되었다. 김일성의 동생, 김영주는 병치레가 심했다. 원래 이 사람은 유격대에서 싸웠던 사람이 아니었다. 유격대원 김일성의 자택에 남아 있던 10살이나 밑의 동생이었다. 그 나이에도 유격대원이 되어 싸웠던 사람이 있었기 때문에 빨치산 고참 간부들의 입장에서 보면 김영주가 무엇이 훌륭한지 이해되지 않았다. 모스크바에서 공부하고 돌아온 사람이라는 것만으론 빈약했다. 똑같이 유격대원이 아니라고 한다면, 유격대원이 되지 못했던 동생보다는 유격대 캠프에서 태어난 자식 쪽이 낫다, 그런 점에서 김정일이 일할 적임자라는 소리가 고참 간부들로부터 나왔다.

1960년대 말에는 김일성도 환갑 직전이었기 때문에, 후계자를 생각해두어야 한다, 자신들도 언제 죽을지 모른다, 따라서 미리 앞일을 결정해두어야 한다는 생각이 있었을 것이다. 고참 간부들로부터 김정일을 미는 이야기가 여러 차례 나왔다. 1970년 제5회 당대회 준비 과정에서 김정일을 후계자로 삼기 위해 당직을 주어야 한다, 부족한대로 당 중앙위원 후보 정도는 삼아야 한다는 의견이 상당히 나왔다고 한다. 하지만 김일성은 아직 이르다고 해서 거부하였다. 5회 대회에서 김정일은 당 중앙위원 후보가 되지 못했다. 이상의 이야기는 모두 신경완의 증언에 근거하고 있다.

그렇지만 1971년이 되자 김영주가 몸이 좋지 않으니 자기 대신에 김정일을 사상 조직 문제 담당 서기로 삼고 싶다고 추천한다. 그러나 이때도 김일성은 아직 이르다고 거부하였다. 1972년에는 김정일은 영화 〈꽃 파는 처녀〉— 이것도 빨치산 이야기를 영화로 만든 것이지만 — 의 제작을 지도하였다. 이것도 뒤에 가곡으로 만들어졌다. 이 해에는 김일성의 환갑을 기념하여 조선 혁명 박물관 앞에 거대한 동상을 건설하는 것도 지도하였다.

그러던중 더 기다리지 않아도 되는 상태가 되었다. 1973년에 김정일은 조직 선전 담당 서기가 되었고, 조직 지도부 및 선전선동부 부장을 겸하였다. 숙부 김영주는 은퇴하고 김정일이 그 자리 전부를 인계받은 것이다.

1974년에는 정치국원 대우가 되었다. 그해에 김정일은 슬로건 "생산, 학습, 생활 모두를 항일유격대 식으로"를 제안하였다. 김일성은 이걸 훌륭한 슬로건이라고 칭찬하였다. 이 슬로건을 염두에 두고서 나는 북한은 "유격대 국가"라고 보게 되었다. 1967년에 나온 "당의 유일 사상 체계 확립의 10대 원칙"이 그해에 개정되었다.

218 | 한일 100년사

이 작업도 김정일이 하였다. 사실상 1974년에 김정일은 김일성의
후계자로 결정된 것이다.

이후 김정일은 북한이란 나라의 독특한 체제를 닦아나가는 연출
자가 되었다. 토대는 국가 사회주의 체제이지만, 그 위에 독특한 상
부구조가 만들어졌다. 사람에 따라 여러 가지 방식으로 부른다. "수
령제"라고 부르는 사람도 있지만, 나는 "유격대 국가"라고 부른다.
김정일은 "유격대 국가"의 연출가다. 그걸 만든 최초의 과정에 어
느 정도 관여했는지는 모르겠지만, 그걸 종합하고 형태를 정비하
는 단계에는 대단히 커다란 역할을 했다. 80년대에는 "유격대 국가"
의 정면에 내건 간판이 누차 바뀐다. 그런 교체 작업은 모두 김정일
이 했던 것이다. 80년대 초반에는 가족 국가론이 앞에 나왔다. 수령
은 아버지, 당은 어머니가 되었고 인민은 자식이라는 것이다. 1986
년에는 국가 인체설이 주창되었다. 수령이 뇌수이고, 당이 신경 중
추라고 일컬어졌다. 그렇다면 인민은 근육이나 뼈 부분, 요컨대 수
족이다. 이런 식으로 인체에 비유하여 국가를 생각한 건 서구의 고
대 말기에서 중세 초기에 이루어진 논의였다. 그로부터 국가가 영
원한 생명체라는 "사회정치적 생명체"설이 나왔다. 그게 1990년대
가 되자 완전히 바뀌어 전통 국가론이 되어 나타난다. "일심 단결",
"충효 일심", "인덕 정치"라는 슬로건이 나온 것이다. 이것도 모두 김
정일이 만들었을 것이다. 슬로건이란 건 바뀌지 않아 모두가 익숙
해져버리면 효과가 없다. 따라서 수시로 바꾸어 신선한 인상을 주
어야만 한다. 기본적으로는 "유격대 국가"이지만, 그를 위해 내건

간판은 끊임없이 바뀌어야 한다고 유념한 이가 김정일이었다. 이런 점에서 북한은 문화인류학자 크리퍼드 기어츠Clifford Geertz가 말한 "극장 국가"의 하나로 볼 수 있다. 연출가인 김정일은 문화 절충주의적 방법을 택해, 도움이 되면 척척 여러 요소를 흡수해가도록 했다. 프라그마틱한 실리주의에 서 있다는 생각이 든다.

그러나 근본은 "유격대 국가", 모두가 항일유격대원이 된 것처럼 사는 국가였다. 일본은 싸워야 할 상대, 늘 싸워왔고 앞으로도 싸워야 할 대상이었다. 항일유격대원의 캠프에서 태어난 김정일에게 그건 자연스러운 것이었다.

개인 생활과 일본관

다음으로 개인 생활에 대해 살펴보자. 이것도 중요하다. 김정일이 정식으로 결혼했다는 사실은 사회적으로 발표되지 않았다. 그러나 1960년대 말에 남쪽 출신 여배우 성혜림과 결혼하였다. 사실 그녀는 다른 사람과 결혼하고 있었는데, 그 사람과 헤어지고 김정일과 결혼했다. 1971년에 장남 김정남을 낳았다. 그렇지만 1970년대 말에 그녀는 정신병에 걸려 모스크바로 요양을 가게 된다. 그 주변 이야기는 언니의 책《아득한 북한》에 씌어 있다. 그래서 70년대 말에 김정일은 둘째 부인을 맞아들인다. 이 사람은 오사카 출신의 재일조선인으로, 북한에 건너가 가무단의 단원으로 활동하던 고영희라는 사람이었다. 성혜림과의 결혼이 발표되지 않았듯이, 고영희와의 결혼도 발표하지 않았다. 그러나 정보로 보아 틀림없다.

고영희의 아버지는 무술가이자 프로 레슬러였다. 80년대 초에 고영희는 두 남자 아이 김정철, 김정은을 낳았다.

결국 김정일은 처음에는 남쪽 출신 여성과 함께 했지만, 다음에는 재일조선인으로 북에 건너간 여성과 결혼하였다. 그 두 번째 결혼을 통해서 재일조선인이 갖고 있는 일본에 대한 이미지가 김정일에게 전달된 건 틀림없을 것이다. 문제는 어떤 이미지가 전달되었는가 하는 것이다. 생각해보면 이것은 일본에게도 중요한 것이다.

또 하나 중요한 건 후지모토 겐지藤本健二라는 김정일의 요리사의 존재다. 늘 TV에 선글라스를 끼고 나오는 사람이다. 물론 이 이름은 가명이다. 이 사람은 1982년부터 북한에서 요리사로서 일하였다. 1989년부터 김정일의 전속 요리사였고, 1991년에 일본으로 되돌아왔다고 한다.(후지모토 겐지,《김정일의 요리사》, 월간조선사, 2003) 이 사람의 존재와 그 이야기로부터 김정일이 일본 요리를 좋아하는 걸 알 수 있다. 고영희가 무언가 일본 이미지를 전하고, 후지모토 겐지라는 사람이 일본 요리를 소개하였다. 러시아의 푸틴 대통령이 유도를 하고 유도를 통해서 일본을 보았다는 건 유명한 이야기다. 그렇다고 해서 푸틴이 특별히 친일적인 건 아니다. 그래도 김정일은 재일조선인 여인을 부인으로 삼고 일본 요리를 좋아했다. 그 점이 일본을 여러 각도에서 보도록 촉진했다고 생각할 수 있다.

이 밖에도 김정일은 영화를 좋아하여 영화 컬렉션을 많이 갖고

있었다고 한다. 김일성도 토라상寅さん[2] 영화를 꽤 좋아했던 것으로 알려져 있다. 김정일도 토라상 영화를 좋아했다고 얘기하였다. 일본 영화를 통해서 일본이라는 나라를 연구했는지도 모른다.

계승의 형태 — '선군 체제'

김정일은 오랫동안 후계자로 부친을 도왔다. 그 기간은 20년도 넘었다. 마침내 1994년 7월 8일에 김일성이 죽었다. 이 죽음 전후의 시기는 대단히 어려운 시기였다. 1993년부터 1994년은 핵 문제로 북미전쟁의 위기라고 말해지던 시기였다. 1994년 6월에 이전 미국 대통령 카터가 북한을 방문하였다. 김일성과의 회담 결과, 북한은 흑연형 원자로를 폐쇄하는 대신에 경수로를 받고, 남북 정상 회담을 한다는 것에 합의하여 위기를 피하였다. 그러나 이때 이상하게도 김일성은 후계자인 김정일을 카터 전 대통령에게 소개하지 않았다. 다음 달에 죽을지 꿈에도 생각하지 못했기 때문인지 모르겠다.

더구나 그해에 북한에서는 자연 재해 때문에 식량 위기가 일어나 매우 많은 아사자가 발생하는 사태가 빚어졌다. 미국과의 군사적 긴장이 완화된 반면, 심각한 국내 사정이 생긴 것이다. 그리고 김일성 사망 이후 한국과 격하게 대립하여 남북 정상 회담은 할 수도 없

---

2) 48부작의 일본의 희극 영화 《남자는 괴로워》의 주인공 이름인데, 이 작품 그 자체의 별칭으로 사용됨.

게 되었다. 어쨌든 아주 어려운 상황에서 김정일이 권력을 계승하게 되었다.

이때 김정일의 지위는 당에서는 정치국원이자 당 서기였지만, 군에서는 인민군 총사령관이 된지 3년째였다. 원수元帥가 되어 김일성이 맡고 있던 국방 위원회 위원장 자리도 계승하였다. 그런 의미에서 군권을 완전히 장악하고 있었다. 정부와 당은 김일성이 장악하고, 군은 김정일이 장악하는 형태였다. 그런 상태에서 김일성이 죽은 것이었다.

그래서 최초로 한 것이 김일성의 유훈을 이어받아 미국과 화해를 했다. 1994년 10월에 북미 기본 합의를 실현시켰다. 카터와 약속한 것을 이행한 것이다. 그런 와중에 상복喪服을 입었다. 다음으로 한 게 군 부대 방문이었다. 1995년 정초에 김정일은 평양 근교의 214부대를 방문하였다. 뒤에 이 부대에는 타박솔 중대라는 이름이 붙여졌다. 이 부대는 김정일이 최초로 방문한 군 부대로 대단히 커다란 의미를 갖게 되었다. 김정일이 이 부대를 방문했던 기사는 컬러로《노동신문》1995년 1월 2일자에 실렸다. 그 이외에 김정일은 1997년 9월까지 2년 반 동안 16만5600여 리를 걷고 전국 2150여 개의 인민군 부대와 초소를 방문했다고 보도하고 있다. 이건 대단한 일이다. 1년이 365일이라면 2년 반은 913일이기 때문에 2150곳을 방문하려면 매일 2곳 이상을 방문했다는 것이다. 육해공군의 전국 주요 사단, 연대는 모두 갔다는 것이다. 인민군 최고사령관으로서 자신의 지휘 아래 있는 부대 전부를 돌았다. 물론 빈손으로 가지는 않았다. 선물을 가지고 갔다. 그리고 가서 먼저 병사들과 대화를 하고, 병사들이 준비한 노래와 춤의 앙상블을 보고 지도하였다. 군대에 대한 지도는 어떻게 했는지 알 수 없으나 노래와 춤은 전문가로서 지도할 수 있었다. 부대를 시찰하고 최종적으로 부대원 전체와 기념 촬영을 하였다. 지도자와 기념 촬영을 하면 그 사람들은 최후까지 충성을 다하겠다는 걸 서약하는 것이나 마찬가지다. 이걸 전국적으로 하였다. 최고사령관이 친히 방문하여 말을 걸어오고 선물도 주고 함께 식사도 하고 기념 촬영을 했다는 것은 병사 입장에서 보면 엄청난 감격이었다. 이게 김정일 식의 군대 장악법이었다. 김정일이란 사람은 군사 쪽은 전문성이 없다. 그는 영화 연극이 전문이기 때문에 문인文人이다. 문인이 군을 장악하는 데에는 인간적인 접촉을 통하지 않고는 안 된다. 그렇게 해서 군대를 장악한 끝에, 1996년 10월에 "모두가 혁명적 군인 정신으로 살고 투쟁하자"라는 슬로건을 내걸었다. 이리하여 일찍이 제시한 "생산, 학습, 생활 모두를 항일유격대 식으로"라는 슬로건을 교체하였다.

1997년 정초 세 개 신문의 공동 사설에서 "인민 군대는 조선 혁명의 지주고, 주체 혁명 위업 완성의 주력군이다"라고 하면서, 조선 인민군을 중심으로 국가를 움직여가겠다는 방침을 명확히 표명하였다. 4월에는 김영춘金永春 총참모장이 "군대는 곧 인민이고 국가이고 당이다"라는 '최고사령관 동지'의 "독창적인 군 중시 사상"을 선언했다. 이는 예전처럼 역사 속의 존재인 항일유격대가 지금 현실에 존재하는 것으로 생각하고, 그 대원이 된 것처럼 살자는 게 아니다. 결국 현재 존재하고 있는 인민군을 국가를 움직이는 주요한 힘으로 하고, 이 인민군에게 모든 국민은 혁명적 군인 정신을 배워라 하는 식으로 바꿨던 것이다. 이건 커다란 변화다.

　나는 당초에 그 변화를 읽어내지 못했다.《북한―유격대 국가의 현재》(岩波書店)를 1998년 3월에 낼 때는 이걸 놓치고 있었다. 5월에 한국의 경남대학교 극동 문제 연구소에 초대받았을 때에는 이 변화를 간파하여 새로운 생각을 제출하였다. 곧 새로 출현하고 있는 건 역시 '유격대 국가'가 아니라 '정규군 국가'라는 것이다. 조선인민군이라는 정규군을 중심으로 한 국가로 변했다는 것이다. 항일유격대라는 건 옛날에 존재했던 것으로, 이제는 사람들의 관념 속에만 존재한다. 따라서 '유격대 국가'라는 건 극장 국가인 셈이다. 이에 반해서 조선 인민군은 현실에 존재하고 있다. 그걸 중심으로 헤쳐나간다. 인민군 총사령관이 김정일이다. 김정일은 항일유격대 사령관의 자식이지만 유격대 국가를 계승할 수는 없었다. 자신이 인민군의 최고사령관인 걸 보여주고, 그 인민군을 지주로 국가를 운영하는 '정규군 국가'로 바꾼 것이다. 그런 식으로 해서 김정일은 권력 승계를 도모했다고 생각한다.

　이상과 같이 경남대학에서 '정규군 국가'에 관해 보고했는데, 지지한 건 내 제자 서동만徐東晩뿐이었다. 내 주장을 전혀 이해할 수 없으며, '유격대 국가'라고 이해해야 한다는 의견이 많았다.

　1997년 10월 8일에 김정일은 군의 추천으로 조선노동당 총서기가 되었다. 그리고 1998년 9월에 최고 인민 회의를 열어 헌법을 개정하였다. 김일성은 영구 주석으로 추서되고 헌법상 주석이라는 지위는 폐지되었다. 새롭게 국방 위원회라는 조직을 설치하고 국방 위원회 위원장을 국가의 중심으로 결정했다. 그리하여 김정일을 그 직위에 선출하였다. 이렇게 해서 바로 '정규군 국가'가 헌법상 확립된 것이다.

그리고 1999년 6월 16일에 세 신문 공동 사설 〈우리 당의 선군先軍 통치는 필승 불패다〉를 발표하여, 새로운 체제를 '선군 정치'라고 설명하기에 이른다. 정확하게 김정일의 정치를 '선군 정치'라고 선언한 것이다. 이것을 체제의 자기 인식이라고 말할 수 있다. 이제야 누구의 눈에도 변화가 명확해진 것이다.

김정일이란 사람은 권력을 계승하는 데 대단한 노력을 해왔다. 20년 동안 후계자의 지위에 있으면서 부친의 체제를 만들어 작동시켜왔다. 그랬던 경험을 쌓아서, 역시 아버지가 죽은 뒤 몇 년에 걸쳐 체제를 교체하는 방식으로 승계를 완수했다. 자신에게 맞는 체제로 바꾸어 계승한 것이다. 아버지로부터 아들로 단순한 계승이 아니라, 엄청난 노력을 기울인 계승이다. 김정일이란 사람은 계승 그 자체가 엄청난 노력을 요구한다는 것을 잘 알고 있었다. 아버지의 후광으로, 아버지의 선거구를 계승하는 것과 같이 편안한 일이 아니었다.

승계의 사례는 타이완에도 있었다. 타이완에서 장제스가 사망한 뒤에 국가 총통을 계승했던 이가 자식 장징궈蔣經國였다. 장징궈라는 사람은 예사로운 인물이 아니다. 국공 합작 시기인 1925년에 소련에 유학했지만, 장제스가 1927년에 반공 쿠데타를 일으키자 아버지를 비난하면서 소련에 머물러 소련공산당 당원이 되어 소련 여성과 결혼하여 우랄 쪽에서 신문 편집자로서 일하던 인물이었다. 장제스가 또 다시 국공 합작으로 되돌아간 뒤인 1937년에 중국에 돌아와서 가장 먼저 군 정치부의 책임을 맡게 되었다. 그 뒤에는 비밀 경찰, 청년 조직을 장악하였다. 그리고 권력을 굳혀서 1975년에 아버지가 죽은 뒤 잠깐 다른 사람을 내세우지만, 1978년에 자신이 직접 총통이 되었다. 대단한 능력을 가진 사람이었다. 이 경우도 단순한 부자 승계는 아니었다. 덧붙여 말하자면 타이완에서 3대째 계승은 없었다. 장징궈의 뒤를 이은 이는 리덩후이李登輝였다. 독재국의 계승은 친 아들이라고 가능한 게 아니다. 정치적으로 높은 능력이 있어야 하고, 정치적 준비에 근거하여 계승이 이루어진다. 타이완에서도 그랬고, 북한에서도 그랬다.[3]

그런데 1998년에는 또 하나의 슬로건 "강성 대국 건설"이 내세워진다. 내가 말한 바로는 '정규군 국가', 북한의 용어로는 '선군 정치'와 같은 체제의 목표는 '강성 대국'이다. 북한은 자신들이 이미 정치 대국, 군사 대국이 되어 있고, 남은 목표는 경제 대국이 되는 거라고 말하고 있다. 결국 '강성 대국' 건설이란 경제 건설인 셈이다. 문제는 어떤 방법으로 그걸 추진하는가 하는 것이다. 당초에는 확실하지 않았다.

---

3) 북한의 경우에 이는 김정일에게 한정되는 설명임. 김정일의 사후 급작스럽게 권력을 승계한 김정은의 경우도 이에 해당하는지는 의문임.

　사실은 1999년에 러시아에서 나제즈다 가리폴리나라는 소련공산당 공산주의 정당 연맹의 지도적인 인물이 김정일의 전기《참고 견뎌라, 승리한다》를 모스크바에서 출간하였다. 구 소련공산당의 흐름을 지지하는 러시아인들은 세계를 조망해볼 때 자신들이 의지할 데는 북한밖에 없다고 보았다. 그렇기 때문에 그들은 북한을 방문하고 비호받았다. 북한도 언젠가는 옐친 등 어처구니없는 놈들을 타도하고 소련공산당이 부활하여 승리할 때가 오지 않을까, 그렇다면 우리와의 관계도 이전처럼 좋아지지 않을까 생각해 손을 잡고 있었다. 하지만 옐친이 패배하고 공산당이 승리할 수 없다는 건 1996년 대통령 선거 결과가 명백히 보여주었다. 그러나 이 책이 나온 1999년 무렵에는 옐친 정권이 끝나기 직전이었기 때문에, 아직 가능성이 있다는 생각이 남아 있었다. 소련공산당 사람들도 기대했지만, 북한도 아직 그렇게 생각할 여지가 있었다.

　1999년에 평양에서《국제 공산주의 운동 안의 변절자들과 그 말로》라는 책이 나왔다. 다루고 있는 이들은 베른슈타인, 카우츠키, 트로츠키, 후르시쵸프, 마지막으로 고르바쵸프였다. 이들 일당이 공산주의를 배반한 놈이라고 이야기하는 책이다. 즉 김일성이 죽고 새로운 체제가 만들어졌지만, 그것이 어떤 방향으로 나아갈지 아직 결정되지는 않았다. 러시아에서는 김정일이야말로 공산주의를 지켜갈 것이라고 보고 있었다.

　그러나 2000년부터 2001년에 걸쳐 커다란 전환이 일어난다. 러시아에서 푸친이 나온다. 김정일은 푸친의 '강한 러시아'라는 생각을 승인하고 호의를 갖게 된다. 북한은 '강성 대국', 러시아는 '강한 러시아'인 것이다. 그리고 2000년 2월에 북한과 러시아는 우호 선린 협약에 조인하고, 푸틴이 7월에 북한을 방문한다. 2001년 7월 이번에는 김정일이 러시아를 공식 방문한다. 이게 무얼 의미하는가 하면 소련에서 사회주의 체제가 붕괴했다는 사실을 마침내 북한이 받아들였고, 그 뒤에 성립한 푸틴의 국가와 국가 관계를 맺는 데 본격적으로 나섰다는 것이다. 이건 대단히 커다란 전환이었다.

북일 국교 정상화로의 도약

이 사이 2000년 6월에 김대중 대통령이 북한을 방문하여 남북 정상 회담이 열렸다. 남북 공동 선언에서 북은 남을 인정하고 남과는 전쟁을 하지 않는다고 약속했다. 이것도 결정적인 것이다. 그로부터 또 하나는 미국과 관계 개선을 하기 시작한다. 북한이란 나라는 국방 위원회가 가장 기본적인 통치 기구다. 김정일은 국방 위원회의 위원장이다. 국방 위원회에는 제1부위원장이라는 직위가 있는데, 조명록趙明錄이 이 자리에 있다. 이 사람이 2000년 10월에 미국에 파견되었다. 이 사람은 인민군 총정치국장이었다. 조명록은 신사복 차림으로 올브라이트 국무장관을 만나고, 군복으로 갈아입고서 백악관에서 클린턴 대통령과 만났다. 거기에서 이야기가 이어져 그 달에 올브라이트가 평양을 방문하게 되었다. 클린턴 대통령의

방북을 타진한 것이다. 잘 알다시피, 선군 정치는 곧바로 선군 외교
인 셈이다. 선군 형태로 외교를 하는 것이다. 러시아를 인정하고 푸
친 정권과 화해한다. 한국을 인정하고 한국과 남북 정상 회담을 한
다. 그리고 궁극적으로 클린턴과도 정상 회담을 할 것이다.

   그리고 2001년 연초 세 신문의 공동 사설에서 "인민 경제 전반을
현대적 기술로 개건改建한다"는 방침을 발표하였다. '개건'이란 말
은 영어로 reconstruction, 러시아어로 perestroika의 번역어다. 러
시아어로 pere는 고친다, 변화시킨다는 의미다. Stroika는 건축이란
의미다. 그렇기 때문에 직역하면 '개건'이다. 현대 기술로 경제를 페
레스트로이카하여야 한다. 그렇게 하지 않으면 경제를 발전시킬 수
없다. 이런 사고방식이다. 그러기 위해선 새로운 수법, 새로운 사고
방식이 필요하다는 것이다. "새로운 세기의 요구에 합치하도록, 사
상 관점과 사고방식, 투쟁 기풍과 작풍作風 면에서 근본적인 혁신을
완수할 것"이 요구된다. 이건 '새로운 사고', 신사고다. "위대한 김정
일 동지는 늘 멀리 내다보며 모두 크게 작전하여 대담하게 변혁을
완수하였다. 김정일 동지 식으로 살고 투쟁해가는 우리 혁명 전사
는 오래된 관념으로부터 벗어나서 참신하게 살고 더 높게 비약해야
만 한다." 페레스트로이카와 신사고는 고르바쵸프가 했던 것이다.
1999년의 책에서 고르바쵸프는 배신자로 묘사되고 있다. 물론 기
본적으로는 2000년대에도 고르바쵸프를 배신자로 생각하고 있었
는지 모른다. 그러나 여기에서는 명확하게 페레스트로이카와 신사
고가 필요하다고 서술되어 있다.

이 뒤에 1월 4일자《노동신문》에서는 "21세기는 거대한 전변의 세기, 창조의 세기다"라는 제목 아래 김정일 어록이 발표되었다. "과거 시기에 만들어진 기반 위에서 그대로 살아갈 수는 없고, 새로운 시대의 요구에 적합하게 그 면모를 끝까지 일신해야만 한다." "우리들은 기존 관념에 사로잡혀 과거 시기의 낡고 뒤처진 것을 끌고가는 것이 아니라, 대담하게 버릴 것은 버리고 기술 개건을 해야만 한다." 김정일 위원장이야말로 새로운 사고방식의 옹호자라는 걸 거듭 선전하였다. 모든 이들이 경제를 발전시키기 위해 낡은 사고방식을 버리고 혁신해가자는 것이다.

이러한 경제 혁신의 흐름 속에서 2002년 7월에 경제 개혁이 실시되었다. 이 개혁의 기본은 가격 개정과 임금 인상이었다. 이건 매우 커다란 혼란을 불러일으켰다. 임금도 올랐지만 물가가 너무 올라, 서민이 생활필수품을 확보할 수 없었다. 큰일이 난 것이다. 그래서 시장 경제의 요소가 도입되었고, 누구나 물건을 사고팔 수 있게 되었다.

이 과정의 이면에서 2001년의 어느 시기부터 2002년에 걸쳐 외무성 심의관 다나카 히토시田中均 씨와 국방 위원회의 중요 활동가 MR. X 씨 사이의 비밀 협상이 진행되었다. 북일 비밀 협상이 이루어진 것이다. 곧, 경제 개건을 하기 위해서는 현대적인 기술이 필요하며, 밖에서 현대적인 기술을 들여오려면 역시 일본에서 가지고 올 필요가 있었다. 그래서 북일 국교 정상화, 일본과의 경제 협력이 목표가 되었다.

도달점은 2002년 9월 19일의 북일 정상 회담, 그리고 북일 평양 선언이었다. 고이즈미 준이치로小泉純一郎 수상은 한반도의 식민지 지배로 야기된 손해와 고통에 대해서 반성하고 사죄했다. 그 사죄에 근거하여 경제 협력을 할 것을 약속하고, 국교 정상화를 조속히 실현하기 위해 노력한다고 표명하였다. 김정일 국방 위원장은 납치 문제를 인정하고 사죄했다. 그리고 이를 두 번 다시 반복하지 않겠다고 표명하고, 공작선 문제에 대해서도 사죄했다. 나아가 핵 문제를 포함하여 6자 회담과 같은 협의 기구를 만들어가는 것에도 동의하고 평양 선언을 교환하였다.

이것을 진행할 때 김정일 위원장은 무얼 생각했을까? 속마음을 알 수 있는 자료를 살펴보자. 첫째로는 2000년 10월에 북한을 방문했던 울브라이트 미 국무장관의 회고록(*Madam Secretary: A Nemoir, New York*, 2003)이다. 김정일 위원장과의 대화를 기록하고 있다. 먼저, 울브라이트 장관이 북한을 개방해야 한다, 개방하지 않으면 소용없다고 말했다. 김정일 위원장은 "개방이란 어떤 의미인가" 하고 되물은 뒤에 다음과 같이 말했다.

"우리는 먼저 말의 의미를 미리 정의해야만 한다. 왜냐하면 개방은 나라마다 다른 의미를 가지고 있기 때문이다. 우리는 서양 식의 개방을 받아들이지 않는다. 개방은 우리의 전통을 손상시켜서는 안 되는 것이다."

개방은 하겠지만, 자신들에게는 자신들의 행동방식이 있다고 김정일 위원장은 말하였다.

그래서 장관이 어디를 모델로 할 작정인가 하고 묻자 "중국은 모델이 될 수 없다"고 김 위원장은 답했다. 그리고 "우리 모델의 하나는 스웨덴이다"라고 말하였다. "조그만 나라기 때문이다." 조그만 나라여서 스웨덴이 좋다는 것이다.

"태국은 강한 왕정을 유지하고 있고, 긴 폭풍우 같은 역사를 통해서 나라의 독립을 지켜왔다. 그래도 시장 경제를 가지고 있다. 나는 태국 모델에도 관심이 있다."

19세기 말에 동아시아에는 하와이, 일본, 청나라, 한국, 태국이라는 5개의 독립 왕국이 있었다. 최초로 하와이가 미국에 병합당하고, 다음에 한국이 일본에게 병합되어버렸다. 청나라는 나중에 혁명에 의해 타도당한다. 남은 게 일본의 천황제 국가와 태국의 왕정이었다. 태국은 불교주의적인 왕조 아래서 독립국으로 살아남았다. 왕조는 오늘날까지 이어지고 있다. 물론 여기에는 태국을 영국과 프랑스 식민지 사이의 완충국으로 삼으려는 영불 양국의 방침이 작동하고 있었다. 그렇지만 태국이 외교를 통해서 영국과 프랑스 사이에 서서 여러 난관을 극복하고 독립을 유지해온 과정도 간과해서는 안 된다. 올브라이트의 회고록을 보고서 나는 문득 이런 생각이 들었다. 김정일이란 사람은 태국 모델에 흥미를 가지고 있다. 소국으로서 대국의 틈새를 뚫고 독립을 지키는 게 자신들의 길이라고 생각하고 있는 걸 알 수 있었다.

둘째로는 이 장 앞에서 이야기한 NHK 스페셜 〈비록 북일 교섭〉이다. 두 차례의 북일 정상 회담의 회의록이 외무성에 있다. 그 극비

자료를 NHK가 입수하여 부분적으로 공개했던 것이다. NHK 프로
그램에 의하면, 제1차 북일 정상 회담에서 김정일은 먼저 이렇게 말
하였다.

"총리가 직접 평양을 방문하는 모범을 보이심으로써, 가깝고도
먼 나라가 아니라 진짜 이웃나라가 되어가고 있다고 생각합니다."

그리고 회담이 끝나고 헤어질 때에는 이렇게 말하고 있다.

"국교 정상화가 이뤄지면 또 만나겠습니다. 당신의 활동에 커다
란 성과가 있기를 기대합니다."

몇 차례나 다시 본 뒤에야 비로소 나는 이 말의 의미를 알아차렸
다. 김정일은 국교 정상화가 된 때 다음에 만나겠다고 말하고 있는
것이다. 평양 선언으로 국교 정상화의 길을 열었다, 이후는 외교관
이 대화하여 국교 정상화로 나아가고 싶다, 국교 정상화는 곧 이루
어질 것이다, 이루어지면 또 만나자. 이런 의미였다. 이렇듯이 김정
일은 대단히 낙관적이었다.

그렇지만 그렇게 되지 않았다. 고이즈미 총리가 돌아오자 일본에
서는 북한이 진짜 13명을 납치했단 말인가, 5명 살아 있지만 8명이
죽었다는 건 검증되지 않았다, 8명이 죽었다는 증거가 있는가 등등
의 의견들이 제시되었다. 북한에 대한 공격, 북일 정상화를 위해 움
직였던 사람에 대한 중상모략이 일어나서 다나카 히토시 심의관은
국적國賊으로 비난당했다. 이건 정치적 움직임의 결과였다. 그리고
5명의 생존자가 2002년 10월 15일에 귀국했지만 일시 귀국이란 약
속을 어기고 돌려보내지 않았다. 물론 돌려보내고 싶지 않은 기분

이 가족에게 있었던 것은 잘 알고 있기에 그렇게 된 건 어쩔 수 없었다고 할 수 있다. 그렇지만 외교적으로 돌려보내지 않는 게 당연하고 돌려보낸다는 약속 같은 것은 하지도 않았다고 딱 잘라서 부정한 건 명확히 부적절했다. 이것은 갑자기 상대방의 빰을 후려치는 것과 같으며, 싸움을 거는 태도다. 북일 관계는 단절 상태가 되었다. 김정일이 바라던 것과는 전혀 다른 방향으로 나아가버리고 말았다.

여기에서 2002년의 '어머님 캠페인'을 잠시 생각해보자. 앞에서 이야기했던 조선 인민군 출판사에서 나온《존경하는 어머님은 경애하는 최고사령관 동지에게 한 없이 충실한 충신 중의 충신이셨다》라는 팸플릿 말이다. 이 해에 김정일의 두 번째 부인 고영희를 칭송하는 캠페인이 이루어지는데, 그건 후계자 문제와 관계가 있다고 설명되었다. 최초로 그렇게 말한 건 스즈키 다쿠마 씨였다. 나는 이 설에 의문을 갖고 있다. 그해에 김정일 국방 위원장은 정확히 건곤일척의 승부수를 띠웠다. 고이즈미 수상을 평양에 초대하여 북일 국교 정상화에 돌진하려고 하였다. 그렇게 함으로써 경제 협력을 얻어 일본으로부터 선진적인 플랜트를 도입하여 경제 발전을 꾀하려고 했다. 그는 필사적으로 노력했다. 그렇지만 당연히 그런 방침에 반대하는 사람도 있었던 게 분명하다. 그런 반대 의견을 억누르고 돌파해가는 중요한 국면이었다. 그럴 때 후계자 문제 등을 생각할 수 있었을까? 물론 2002년에 그는 60세, 환갑을 맞이했다. "60세가 되었기에 후계자를 결정할 땝니다"라고 말하는 사람도 있었을지도 모르겠다. 그러나 김정일이 당시에 그걸 고민했다고는 생각할 수 없다.

이 팸플릿에는 다음과 같이 씌어 있다. 고영희가 김정일 신변의 안전과 건강을 걱정하고 있다. 그리고 그녀는 김정일이 군 부대를 방문할 때 늘 함께 갔다고 쓰고 있다. 이것은 마치 어머니가 자식을 걱정해 뒤따라 다니는 것과 같다. 과연 그럴 수 있었을까? 선군 정치의 중심은 최고사령관이고, 최고사령관이라면 강한 남성의 이미지다. 거기에 어머니라든가 부인이 나와서 이것저것 돌봐준다는 건 생각할 수 없다. 따라서 나는 이건 김정일이 추진하려고 하는 노력에 대한 비판 세력이 내놓은 문건이 아닐까 하는 느낌도 든다. 또는 외부 세력이 만든 문서일지도 모른다는 생각이 든다.

김정일이 무엇인가를 진행하려 하면 당연히 반대파도 있었을 것이다. 보수적인 생각을 갖거나, 일본에 대한 반발과 반감 등 여러 가지 이유가 있었을 것이다. 그걸 물리치면서 김정일이 앞으로 나아갔던 것인데, 고이즈미 수상과의 회담이 실패했다는 건 대단히 중대한 일이었다. 김정일 국방 위원장이 고이즈미 수상에게 머리를 조아려 납치 문제나 공작선 문제를 인정해 사죄했음에도 불구하고, 결과적으로 아무 의미가 없게 되었다. 국교 정상화가 금방 이루어진다고 확신하였는데, 불가능해진 것이다. 국교 정상화 협상은 한 차례 이루어졌지만 바로 결렬되어버렸다. 아베 신조安倍晉三가 의심의 눈초리로 귀국한 5인의 가족도 돌려보내라, 돌려보내지 않으면 협상은 재개할 수 없다고 말했다. 정상 회담 이전보다 오히려 관계가 더 악화되었다.

그러나 고이즈미 총리는 또 한 차례 방북을 했다. 2004년 5월 22일에 제2차 북일 정상 회담이 이루어진다. 고이즈미 수상은 "일북 사이의 정상적이지 않은 관계를 정상화하고, 적대 관계를 우호 관계로, 대립 관계를 협력 관계로 바꾸는 게 양국의 국익에 합치한다"고 하네다 공항에서 기자들에게 명확하게 말하고서 출발하였다. 그리고 정상 회담 결과, 이미 귀국해 있던 납치 피해자 4인의 자식들을 데리고 돌아왔다. 그리고 또 한 사람 소가 히토미曾我ひとみ 씨의 남편과 아이들을 제3국에서 만나게 한다는 약속을 받고서 돌아왔다. 고이즈미 수상은 식량 원조 25만 톤, 의약품 원조를 할 걸 약속했고, 북한에서는 납치 문제의 재조사를 약속하였다.

이 두 차례의 정상 회담의 기록도 앞에서 이야기한 프로그램에서 소개되었다. 모두 발언을 통해 김정일은 "다시 방문해주신 건 좋은 일입니다"고 말하고 있다. 이건 NHK가 말로 소개하지 않았지만 화면을 보면서 내가 읽어낸 말이다. 이어지는 말은 NHK가 소개하고 있다. "제가 조금 걱정하는 것을 말씀드리겠습니다. 이번 회담을 한 뒤에 그 내용이 모두 뒤집어지면 나는 총리의 상대역으로 연극에 출연한 게 되고, 뒤에는 아무 것도 좋은 게 남지 않을 것이다. 우리는 이전에 용감하게 조치를 취해서 납치 문제가 그것으로 끝났다고 생각하였다. 그렇지만 총리가 귀국하자마자 복잡한 문제가 생겨서 우리는 실망하였다. 민주 사회에서도 수반의 권한은 있다고 생각하였지만, 정부 수반으로서의 총리의 권한이 이처럼 간단히 붕괴될 수 있을까 생각하면 실망할 수밖에 없었다."

이건 매우 중요한 발언이다. 이전에는 기대를 배반당했지만, 이번에는 그러한 일은 없겠지요, 그리고 당신은 책임을 갖고 해나가실 거죠? 이것이 제2차 회담 모두에 김정일 위원장이 고이즈미 총리에게 다짐을 받는 바였다. 고이즈미 총리가 이에 대해서 어떻게 응답했는지 NHK가 소개하지 않는 건 부당의 극치였다. 그렇지만 아마도 고이즈미 총리는 걱정하지 마라, 이번에는 확실히 하겠다고 이야기했을 거라고 생각한다. 그러한 표명이 이루어지고, 신뢰가 회복되지 않았다면 북한이 5인의 어린이들을 보내주지 않았을 것이다.

하지만 두 번째 회담도 김정일의 기대를 저버렸다. 야부나카 미토지藪中三十二 아시아 태평양 국장이 그해 12월 24일에 북한을 방문하여 재조사 결과를 가지고 돌아왔다. 그 조사 결과에 모두 만족스러워하지 않았고, 북한이 불성실하다고 외무성은 반발했다고 한다. 그러나 야부나카 국장은 요코다 메구미 씨의 유골을 가지고 왔다. 요코다 씨의 유골을 북한이 건네고 야부나카 국장이 이걸 받아왔다는 사실은 이것으로 해결하자고 쌍방이 생각했음을 보여준다. 유골로 받아들여져 해결될 것이라고 믿지 않았다면 북한도 유골을 건네지 않았을 것이다. 이걸 DNA 감정을 했을 때 경시청에서는 결과가 나오지 않았다. 테이쿄帝京대학에서 결과가 나왔는데, 요코다 메구미 씨가 아니라 다른 사람의 DNA가 검출되었다는 보고서가 나왔다. 이걸 보고받은 당시 호소다 히로유키細田博之 관방장관은 "타인의 DNA가 검출되었다는 건 타인의 뼈다. 뼈는 요코다 메구미 씨의

게 아니다"고 판단을 내렸다. 그럴 수도, 그렇지 않을 수도 있는 것
이었다. 타인의 DNA가 검출되었다는 것은 타인의 DNA가 들러붙
어 있는 것인지 모른다. 여러 사람의 손이 닿았을 수 있기 때문이다.
결론적으로 말해서, 이 뼈가 요코다의 게 아니라는 건 논증되지 않
았다. 하지만 일본 정부는 비약해서 결론을 내렸다. 북한이 요코다
메구미 씨의 뼈가 아닌 걸 요코다 메구미 씨의 뼈라고 거짓말을 하
고 있다고 주장한 것이다. 이리하여 관계를 다시 차단했던 것이다.
김정일은 또 기대를 배신당했다.

김정일 국방 위원장은 선군 국가 체제를 만들어 강성 대국을 건
설하겠다는 목표를 내걸었다. 경제를 발전시키기 위해 일본과 국교
를 정상화하고 경제 협력을 함으로써 경제를 '개건'하겠다는 방침
으로 돌입하고 있었다. 그때 고이즈미 수상과 회담하여 한 차례는
배신당했다. 고이즈미 총리가 다시 와서 머리를 조아리며 원점으로
돌아가 국교 정상화로 나아가자고 말하니 그 말을 믿고 회담에 응
했다. 그러나 두 번째도 기대를 저버렸던 것이다. 일본과는 항일유
격대의 정신으로 오래 대치해왔으나, 1990년에 카네마루金丸, 타나
베田辺가 북한을 방문해 식민지 지배를 사죄한다고 말해서 북일 교
섭이 시작될 수 있었다.[4] 그게 잘 진행되지 못한 채 8년 동안이나 공
백이 있었다. 그후 고이즈미 수상이 방문하여 식민지 지배를 사죄
했다. 자신들도 납치와 공작선 문제를 사죄하고 새로운 관계를 만

---

4) 자민당 다나카파의 실력자 카네마루 신金丸信과 당시 사회당의 부위원장인 타나베
마코토田辺誠가 1990년 9월 24일 북한을 방문해 김일성을 면담한 일을 가리킴.

들자, 일본과의 관계를 정상화하는 것은 좋은 일이라고 생각했다. 거기에는 새로운 일본관이 있었던 것이다. 그에 근거하여 일을 추진했다. 그러나 그 결과 일본인은 북한이 황당한 나라라고 말하면서 관계를 차단했다. 김정일 위원장은 두 차례에 걸쳐서 배신당하게 된다. 이 커다란 실패는 명확한 상처가 되었을 것이다.

2006년에 평양에서 나온 《우리 당의 선군 정치》는 고이즈미-김정일 회담에 관해 "전체 조선 인민에 대한 일본의 사죄를 김정일 국방 위원장이 받았다"고 쓰고 있다. 더욱이 김정일 위원장이 고이즈미 수상에게 "당신이 천 리를 마다하지 않고 평양까지 방문해 사죄했기 때문에, 실제 내용은 보상이지만 일본의 체면을 고려하여 '무상 자금 제공'과 '경제 협력'이라 부르기로 했다. 이는 대국으로서의 자세와 입장에서 한 말이다"고 하고, "경애하는 장군님은 선군 정치로 북일 평양 선언의 채택을 이루고 민족의 대승리를 펼쳤다"고 결론짓고 있다. 거꾸로 보면, 북일 협상의 실패는 김정일에게 커다란 부담이 되었다고 보아야 할 것이다.

김정일의 딜레마

여기에서 김정일이 또 한 가지 기도했던 핵 무기 개발 문제에 대해서 살펴보도록 하자. 핵 무기를 제조할 생각을 북한이 언제 가졌는지는 알지 못한다. 한국전쟁 과정에서 미국이 북한에 대해 핵 무기를 사용하는 걸 현실적으로 검토했다. 때문에 이에 위협을 느낀 북한이 스스로의 핵 무기가 필요하다고 생각하는 건 충분히 있을 수 있는 일이다. 그러나 북한은 소련, 중국과 상호 원조 조약을 체결해 있었고, 소련은 자신의 핵 우산 아래 북한을 집어넣고 있었다. 따라서 소련과의 관계가 존재하는 동안 북한은 소련의 핵 우산으로 지켜졌다.

그렇지만 소련에서 페레스트로이카가 진행되고 한국과의 국교 수립이 진행되었다. 1990년 9월 2일에 세바르드나제 외무장관이 평양에 와서 그것을 통고했다. 북한은 그렇다면 자신들은 스스로의 핵 무기를 가질 수밖에 없다고 표명하였다. 같은 해 9월에 카네마루, 타나베 대표단이 북한을 방문하여 북일 국교 정상화의 길이 열렸다. 때문에 소련 사회주의의 종언이라는 위기 속에서 북한이 취했던 위기 탈출 방책은 핵 무기 개발과 일본과의 국교 정상화라는 상호 모순적인 두 개의 길이었던 셈이다. 핵 무기 개발은 미국과의 관계 개선을 위한 수단으로 사용되었지만, 우여곡절을 거쳐 2002년 고이즈미의 방문 무렵에 구체화되었다고 생각한다.

두 차례 북한을 방문했던 고이즈미 수상은 김정일 위원장과 핵 문제에 관해 오랜 시간 대화를 하였다. NHK의 프로그램에 따르면, 김정일은 오싹할 정도로 솔직하게 자신의 생각을 피력하였다. "핵 무기를 가져도 우리에게는 아무런 이익이 없다.""핵 무기는 무용지물이다.""미국이 오만방자하게도 선제 공격을 하겠다고 해서 생존권을 위해 핵 무기를 갖겠다는 것이다."

"미국은 약속을 지키지 않을 것이다. 미국에는 북한과의 관계를 개선하려는 생각이 1퍼센트도 없는 거 아닌가. 미국은 북한을 악의 축이라고 말한다." "미국은 건성으로 하는 말뿐이다. 행동은 하고 있지 않다. 싸울 것인가, 대화할 것인가? 우리는 실제로 싸워보아야 하는 거 아닌가 하고 생각한다." "그러나 우리로서는 언제나 문호를 개방하고 있다. 따라서 우리는 부시 대통령이 대화를 하고 싶다고 하면 대화할 용의가 있다. 미국도 성의를 보여야 할 것이다. 일본은 미국과 동맹 관계, 미국과 가장 강한 신뢰 관계에 있는 아시아 나라다. 일본의 지도자인 고이즈미 수상이 이 문제의 해결을 위해 노력해주길 기대한다."

이에 대해 고이즈미 수상도 적극적으로 핵 무기 개발을 포기하도록 설득하였다. 그 내용에 관해서 제2차 회담 뒤인 2004년 5월 22일의 기자 회견에서 고이즈미 수상은 다음과 같이 설명하고 있다.

"핵 문제에 대해서 나도 핵을 폐기함으로써 세계가 안전하게 되고, 또 국제 사회로부터 평가받게 된다, 그뿐만 아니라 북한에게도 가장 이익이 되는 게 핵의 완전 폐기라는 걸 강력하게 김정일 씨에게 전했습니다. 그리고 김정일 위원장은 핵의 동결이란 건 검증을 수반하는 것이라고 말해서 이 점에 관해서 나는 평가했습니다. 김 위원장은 동시에 비핵화가 목표라는 걸 말해주었습니다. 나는 그렇게 핵 폐기로의 첫걸음을 내딛었다고 하는 걸 6자 회담의 장에서 훨씬 강하게 발신하는 것이 좋겠다고 전했습니다. 일본으로서도 나 자신부터 핵을 가짐으로써 얻어질 수 있는 에너지 지원이나, 식량

지원, 혹은 의료 지원 등의 문제는 사소한 것이다, 오히려 핵을 폐기
함으로써 얻을 수 있는 것을 생각해야 한다고 말하였습니다. 그건
단순히 한 나라만의 지원에 머무는 게 아니라, 국제 사회의 협력을
얻는 것입니다. 핵을 완전히 폐기함으로서 얻어지는 것과 핵을 가
짐으로써 얻어지는 건 하늘과 땅의 차이입니다. 그걸 보다 잘 생각
해야 한다고 강력하게 나는 김정일 위원장에게 말하였습니다. 국제
사회가 지금 북한이 핵을 폐기하면 기꺼이 국제 사회에 받아들이겠
다는 기회를 주고 있다, 이 기회를 놓치지 말고 잡아야 한다, 이렇게
강하게 김정일 씨에게 호소했습니다. 상당 부분 이해를 얻었다고
생각합니다."

고이즈미 수상이 이렇게 설득했던 건 NHK 프로그램에서도 입증
되었다. 좋은 토론이었다는 생각이 든다. 북한이 핵 무기 개발에 집
착하고 있는 건 자국의 안전 보장 때문이라는 건 명확하다. 경제적
인 상황이 더욱 악화되고 통상적인 무기로는 한미일에 대항할 수
없게 되어서 더욱 핵 무기를 가지는 게 몸을 지키는 길이라고 생각
하는 것 같다. 그러나 다른 한편에서 김정일은 미국과 대화하고 싶
다고 간절히 바라고 있다. "미국과 이중창을 목이 쉴 때까지 부르고
싶다." 일본 등 여러 나라가 "좋은 오케스트라를 연주해준다면 우리
는 보다 훌륭하게 이중창을 할 수 있다"고 고이즈미 수상에게 이야
기하고 있는 걸 보면 그의 바람은 명확하다.

핵 개발과 북일 국교 정상화는 확실히 모순되지만, 결국에는 북
일이 국교 정상화를 하면 핵 문제에 대해서도 북미 관계를 일본이

중개하여 해결하는 방향으로 나아갈 수 있다. 6자 회담도 잘 진행할 수 있다. 두 차례의 북일 정상 회담에서의 토론은 그러한 것을 확실하게 보여주었다. 그때 김정일 위원장은 고이즈미 수상을 믿었기 때문에 핵 문제에 대해서도 솔직하게 토론에 응했던 것이다. 북일 국교 정상화로의 길이 닫혀버려서, 결국 핵 문제에서도 이야기가 이상해져버린 건 아닐까 한다.

　하지만 김정일은 단념하지 않았다. 2008년이 되자 "압력이 아니라 대화를"이라고 주장한 후쿠다 야스오福田康夫 수상의 내각이 탄생하자 다시 북한은 후쿠다 수상에게 기대를 걸었다. 이리하여 6월과 8월 두 차례에 걸쳐서 약속을 한다. 6월에는 제재를 세 가지 해제하면 납치 문제를 재조사하겠다고 말했다. 그러나 일본 쪽에서 이론이 제기되어서 다시 제안을 한다. 8월에는 제재의 해제는 두 가지로 좋다, 두 가지를 해제하면 재조사 위원회를 설립할 것이라는 약속을 하였다. 그렇지만 그게 실현되지 않은 채 9월 1일에 후쿠다 수상은 정권을 내놓고 말았다. 북한의 송일호宋日昊 대사에 따르면, 후쿠다 수상 쪽은 북한과의 관계를 개선하기 위한 분위기를 만드는 게 중요하다, 따라서 일본 정부로선 납치 문제를 이용해 북일 관계를 악화시키려는 언동을 삼가고, 국제 무대에서 반북한 선전을 하지 않겠다는 결의를 하고 있다고 전해왔다고 한다. 한쪽의 이야기지만, 그러한 방침의 약속이 없었다면 북한이 두 차례 씩이나 한층 양보를 해가면서까지 대화를 하지 않았을 것이다. 2010년 9월 30일에 만난 송일호 대사는 "이제와서 생각해보면 우리가 속았다는 생

각이 든다"고 이야기하였다. 북한은 진짜 머리가 아팠을 것이라는
생각이 든다.

2008년 9월 9일에 평양 광장에서 치러진 건국 60주년 기념식에
김정일 위원장은 등장하지 않았다. 8월 말에 발작을 일으켜 쓰려졌
다는 게 사실이라고 모두가 느꼈다. 미국은 10월 11일에 테러 지원
국가 지정을 해제하였지만, 일본과의 관계는 전혀 나아지지 않았
다. 만사가 뒤죽박죽이 되어버렸다.

김정일 체제의 확립과 후계자

김정일이 병에 걸리자 곧바로 후계자 문제가 불거졌다. 물론 그
건 불가피한 것이다. 그러나 김정일에게는 기분 좋은 일이 아니었
을 거라고 나는 생각한다. 김정일이 하려 했던 건 실패했다. 일본을
믿고 납치를 인정했지만 배반당한 것 아닌가? 이런 비판이 북한 내
부의 보수파에게 있었을 것이다. 따라서 후계자를 결정하자는 목소
리 가운데에는 숨은 비판자의 목소리도 포함되어 있었을 것이라고
생각된다.

김정일의 건강 상태는 중대한 문제다. 게릴라 전사로 완강한 신
체를 뽐내던 아버지 김일성은 82살에 이 세상을 떠났다. 2010년 현
재, 68살인 김정일은 언제까지 살까, 본인도 주위도 모두 고민하고
있을 것이다. 그렇기 때문에 후계자 선택에 모든 이목이 집중되는

건 당연한 일이다. 그리고 지금 북한에서 후계자에 관하여 논의할 수 있는 형태는 김정일의 자식 중에서 누가 적합한가 하는 것뿐이다. 그 이외의 논의는 불가능하다. 그래서 후계자 이야기가 나오면 고영희의 두 번째 자식 김정은金正恩이 가장 유력하다는 이야기가 널리 퍼져 있었다. 그는 1984년에 태어나 스위스에서 학교를 다니고 귀국한 뒤에 김일성군사대학을 졸업한 군인이다.

그러나 후계의 틀은 헌법상 국방 위원회로서 가능하다. 2009년 4월의 최고 인민 회의에서 재구성된 국방 위원회는 위원장 김정일(원수), 제1부위원장 조명록(차수, 군 총정치국장), 부위원장 김영춘金永春(차수, 국방부장), 이용무李勇武(차수), 오극렬吳克烈(대장, 총참모장)이라는 인물들이다. 위원장에게 무슨 일이 있다면 제1부위원장이 후계하지만, 원래 조명록은 병에 걸려 일을 못하고 있는 것으로 알려짐으로써 필두 부위원장 김영춘이 첫 번째 후보가 될 것으로 보인다. 6월에는 장성택張成澤(당 행정부장)이 다섯 번째 부위원장으로 임명되었다.

2010년 9월 28일에 노동당 대표자 회의가 수십 년만에 열려 당의 인사가 결정되었다. 사실상 기능하지 않던 당 중앙, 정치국이 재건되었다. 정치국 상무 위원, 정치국원 및 그 후보가 선출되었다. 주목해야 할 건 군인 중에서 참모총장 이영호李英鎬가 병든 조명록과 더불어 정치국 상무 위원이 되었다는 점이다. 군인으로서 당의 최고위직이 된 것이다. 국방 위원회 필두 부위원장 김영춘은 이영호 밑에 있게 되었다. 더욱이 오랫동안 군의 실력자로 주목되어온 국

〈위대한 영도자 김정일 동지를 조선노동당 총
비서로 추대〉(《노동신문》, 2010년 9월 29일)

방 위원회 부위원장 오극렬이 정치국원 후보도 되지 못하고 평범한 중앙위원에 머물렀다. 그리고 당의 중앙 군사 위원회도 인물을 일신하여 부위원장으로 김정일의 셋째 아들 김정은과 이영호가 등장하였다. 평위원은 16인인데, 이영호와 같은 시기에 대장이 된 군인 3명, 그보다 더욱 뒤에 대장이 된 군인 3명과 상대적으로 신세대의 군인이 선출된 게 특징이다. 김정은은 중앙위원에 선출되었다. 지금부터 일을 하면서 수련을 쌓으려는 것일 것이다.

그러나 이때의 당 중앙 인사의 가장 중요한 건 김정일을 총비서, 서기장에 정식으로 선출한 것이었고, 2012년의 김일성 탄생 100주년에 맞추어 김정일 체제를 완성시킨다는 게 지금 평양의 분위기다. 김정일로서는 무슨 일이 있어도 아버지 탄생 100주년까지 자신이 해왔던 일에서 구체적인 성과를 내고, 강성 대국의 대문을 열겠다고 생각하는 게 틀림없다.

2010년 9월 말에 평양을 방문한 내가 최초로 방문한 김일성종합대학 전자 도서관의 입구에 김정일이 전년 12월 17일에 한 말이 벽 한 면에 걸려 있었다.

"자신의 땅에 발을 붙이고 눈은 세계를 보라. 숭고한 정신과 풍부한 지식을 겸비한 선군 혁명의 믿음직한 골간이 되라. 분발하고, 또 분발하여 위대한 당, 김일성 조선을 세계가 우러러보게 하라."

이 말의 첫 구절은 평양 체류 중에 여러 차례 들었다. 그게 북한의 지도자 김정일의 현재의 바람과 같은 것이다. 이걸 실현하는 건 쉽지는 않다. 한국, 미국, 일본과는 관계가 차단되어 있고, 현대 기술을 자력 갱생으로 획득해야만 한다. 중국과의 결합이 가장 믿을 수 있지만 대국 중국과의 관계도 쉬운 건 아니다. 그리고 시간이 별로 없다. 김정일은 필사적으로 2012년을 향해 가고 있는 것 같다.

옮기고 나서

우리에게 일본은 무엇인가

이 책은《これだけは知っておきたい 日本と朝鮮の100年史》(平凡社, 2010)를 옮긴 것이다. 지은이 와다 하루키는 지금도 왕성하게 활동하는 일본의 양심적인 지식인이다. 그는 러시아 근현대사 및 한국 근현대사, 북한 연구 분야 등에서도 수많은 업적을 남긴 세계적인 석학이기도 하다. 그는 일본의 지식인을 대표하여, 일본의 민주주의를 강화하고 한일 관계를 비롯하여 동아시아의 평화와 화해를 위해 그 누구보다 앞장 선 인물이다.

가깝고도 먼 나라 일본. 일본과 우리는 지리적으로 가깝다는 이유로 오랫동안 밀접한 관계를 맺을 수밖에 없었다. 가깝기 때문에 문화와 문명이 밀접히 교류되고, 경제적으로도 대단히 강한 상호의존성을 갖게 되었다. 그러나 다른 한편으로 한반도와 일본은 메이지유신 이래 일본이 걸어온 제국주의와 보수적 경제 대국의 노선 속에서 왜곡된 관계사를 경험할 수밖에 없었다. 그 가장 큰 비극이 일본 제국주의에 의한 한반도의 식민지화였다. 지금까지 왜곡된 한일 관계의 원점에 일본의 한반도 식민지 지배가 있다. 물론 식민지 경험은 과거의 역사다. 그러나 그 과거사가 올바로 청산되지 못했다는 사실은 한반도는 물론, 일본 그 자신에게도 커다란 비극을 초래했다.

잘 알다시피 메이지 이후 일본의 제국주의적 발전 노선은 한국과 타이완을 식민지로 만들었고, 만주를 필두로 중국 대륙을 유린하였고, 동남아 국가들에게도 전쟁의 참화를 강요하는 결과를 가져왔다. 물론 일본의 이러한 제국주의적 발전은 일본 내부의 반민주적인 국가주의, 군사 파시즘을 전제로 한 것이었다. 일본의 제국주의적 대외 지배는 반민주적이고 파시스트적인 국내 지배를 수반했다. 일본의 대외적 지배는 결국 미국과 소련을 필두로 하는 연합국과의 전쟁에서 패배함으로써 끝을 보게 된다. 일본의 패전은 그간의 일본의 왜곡된 발전관을 근본적으로 성찰하고, 새로운 일본의 발전 노선을 민주적, 평화적으로 재정립할 절호의 기회였다. 그러한 점에서 1945년부터 52년까지 일본을 점령하여 패전 일본을 조형했던 미국의 책임은 막중했다.

그러나 미국의 점령 지배는 민주적인 전후 개혁과 보수적인 반공 드라이브의 착종 속에서 커다란 모순을 갖고 있는 보수 주도의 '전후 민주주의'를 낳았고, 대외적으로는 실용주의와 실리주의로 채색된 일본 중심의 신중상주의적 아시아관을 낳게 되었다. 일본의 외형은 바뀐 것 같지만, 여전히 일본에는 '전전'의 모습이 강렬하게 남을 수밖에 없었던 것이다. 이렇듯 전전의 사고와 세력을 그대로 온존한 일본과 한반도가 현대사 속에서 다시 만나게 된 것이다. 따라서 이 만남은 과거의 역사에 대한 철저한 청산, 즉 국민적 청산을 결여할 수밖에 없었고, 새로운 시대를 향한 최소한의 공감대조차 결여된 것이었다. 전후 일본과 한반도의 관계는 전전 일본의 구조를 그대로 온존한 것이었고, 이러한 왜곡된 관계는 냉전과 미국의 헤게모니 속에서, 그리고 경제 발전을 위한 실리주의 속에서 은폐되면서 더욱 강화된다. 따라서 역사 문제는 단지 역사 문제가 아니라 왜곡된 객관적인 구조를 비추어주는 한 조각의 표피적 단면이었을 뿐이다. 오늘날 아베 신조의 우익 정권에 이르러 양국관계의 왜곡은 더욱 구조적인 것임을 확인할 수 있다. 이 상황은 '용서'와 '화해', '화평'의 미래지향적 양국 관계로 한 걸음을 내딛기 위해서 보다 근본적인 출발 지점과 원칙이 무엇인지 적확히 재확인해야 함을 보여준다.

이러한 근본적 출발 지점을 명확히 이해하려면, 일본과 한반도 사이의 최근 100년사, 아니 1876년의 개항 이후의 100여 년의 역사를 차분하면서도 객관적으로 알아두어야 한다. 이를 위해 이 책이 중요한 기여를 할 수 있다고 본다. 이 책의 저자 와다 하루키는 한국인과 일본인 모두가 반드시 알아두어야 할 한일 간의 핵심적 사건들의 객관적 의미를 분석하고, 그 사건들을 둘러싼 양국 정부와 지식인들의 반응을 성찰적으로 정리해 보여주고 있다. 우리는 이 책을 통해서 일제의 한국병탄을 둘러싼 국제 정세, 3.1 독립선언의 한일 관계사적 의의, 김일성의 항일 운동과 그 현대사적 의미, 8.15 해방과 한일 관계, 한국전쟁과 일본, 2000년대 북한의 국가 체제와 일본 등에 대해 지금까지 알려지지 않았던 새로운 진실을 알게 될 것이다.

우선, 제1장에서는 청일전쟁 · 러일전쟁을 거쳐 한국병탄에 이르기까지의 일본 제국주의의 한반도 침탈 및 식민지로의 전화 과정을 시바 료타로가 쓴 메이지 시대의 역사 소설인 《구름 위의 언덕》을 매개로 서술하고 있다. 여기에서 와다 하루키는 한반도 식민지화를 향한 일본의 전략을 청나라와 러시아와의 이해관계의 대립을 통해 밝히고 있다. 이 과정에서 오늘날 남북 분단의 원인이 되는 38선 또는 39도선 분할 점령 구상의 역사적 기원에 대해 설명하고 있다.

제2장에서는 3 · 1 독립선언이 나오게 된 배경과 이 선언에 대한 좌우의 서로 다른 평가를 논하고 있다. 그러면서 1975년 3월 1일에 시인 김지하가 "그날 우리는 당신네 일본 민족을 단지 불구대천의 원수로 복수하려 하지 않고, 스스로의 주권과 독립을 비폭력, 평화적인 운동으로 선포함으로써 피해자인 우리 민족만이 아니라 잔인무도한 가해자 당신네 일본 민족도 동시에 구하길 염원하겠다"는 〈일본 민중에 대한 제안〉을 소개하고 있다. 이 장에서는 선언 운동을 통해 나타난 일본에 대한 식민지 해방 설득론의 의미와 한계에 대해 차분히 논하고 있다. 이런 비폭력 평화 노선에 대한 좌파로부터의 비판의 항일 무장 투쟁론이다.

와다 하루키는 이를 제3장에서 김일성의 만주 항일 투쟁을 중심으로 다루고 있다. 병탄 이전의 의병 투쟁, 김좌진 장군 등의 활약도 있었지만, 1937년의 보천보 전투를 통해 약관의 김일성이 민족 지도자의 반열에 오르게 되었다는 사실을 객관적으로 입증하고 있다.

제4장에서는 1945년 8월 15일의 의미, 곧 우리에게는 '해방', 일본에게는 '패전'의 의미를 다루고 있다. 이 장에서는 일본의 항복이 이루어지기까지의 과정, 천황의 항복 선언에 대한 일본, 한국, 대만에서의 의미 차이, 일본 내에서 한국인과 일본인의 상반된 8.15 인식, 일본 지식인의 판단과 대응 등을 통해, 일본의 식민지 지배가 동아시아와 일본에 야기한 커다란 인식의 갭을 성찰적으로 보여주고 있다. 그리고 남북한 분할 점령에 대한 식민지 지배의 영향 등에 대해서도 논한다.

이는 제5장에서 다루는 한국전쟁의 발발 원인과 남북한 위정자들의 정세 판단 오류도 이와 관련된다. 이 전쟁의 결과 남북 분단은 고착화되고 그 과정에서 엄청난 고통을 당한 남북한 민중은 상대에 대한 불신을 넘어 적대감을 갖게 되어 서로 철천지 원수지간이 되어버렸다.

마지막 6장에서는 김일성의 뒤를 이은 김정일에 대한 분석을 통해 북한 사회의 현황과 북일 관계의 과제 등에 대해 살펴보고 있다. 죽의 장막에 버금가는 북한에 대한 정보 부족에도 불구하고 현장과 자료 조사를 통한 객관적인 서술이 돋보인다.

이 책은 일본을 대표하는 사회과학자이자 양심적인 지식인이 한일 강제 병합 100년을 맞이해, 한국과 한반도 관계의 왜곡된 구조와 그에 대한 일본의 책임성에 대해 진지하면서도 객관적으로 논하고 있다. 이를 통해 지리적으로 가장 가까운 양 지역 관계가 올바르게 발전함에 있어서 간과되어서는 안 될 지점들을 그 어느 책보다 담담하지만 정확하게 지적해주고 있다. 약간의 시차는 있으나 이 책의 번역이 오늘날 극단적인 난관에 처해 있는 한일 관계의 올바른 재출발을 위해 기여하기를 바란다.

관련 서적과 논문

제1장

和田春樹,《日露戰爭 起源と開戰》上下, 岩波書店, 2009~10.

原田敬一,《日淸戰爭》, 吉川弘文館, 2008.

海野福壽,《韓國倂合史の硏究》, 岩波書店, 2000.

제2장

和田春樹,〈非暴力革命と抑壓民族〉,《展望》, 1976年 9月號(뒤에 和田春樹,
    《韓國民衆をみつめること》, 創樹社, 1981에 수록).

朴慶植,《朝鮮三·一獨立運動》, 平凡社, 1976.

朴殷植,《朝鮮獨立運動の血史》上下, 平凡社, 1972.

本原悅子,《万歲事件を知っています》, 平凡社, 1989.

제3장

和田春樹,〈金日成と滿洲抗日戰爭〉, 平凡社, 1992.

金日成,《金日成回顧錄 世紀とともに》1~7, 雄山閣出版, 1991~1997.

辛珠柏,〈靑年金日成の行動と世界觀の變化──一九二0年代の後半から三一年まで〉,
    《思想》, 2000年 6月號.

水野直樹,〈滿洲抗日戰爭の轉換と金日成〉, 上同.

제4장

和田春樹,〈韓國民衆をみつめること──歷史のなかからの反省〉,《展望》, 1974年
    2月號(뒤에 和田春樹,《韓國民衆をみつめること》, 創樹社, 1981에 수록).

和田春樹,〈戰後革新運動と日本〉,《思想の科學》臨時增刊戶, 1976年 10月(뒤에
    和田春樹,《韓國民衆をみつめること》에 수록).

和田春樹,〈戰後日本平和主義の原點〉,《思想》, 2002年 12月號.

全鎭植,《わが朝鮮 私の日本》, 平凡社, 1993.

小熊英二 · 姜尙中編,《在日一世の記憶》, 集英社新書, 2008.

제5장

和田春樹,《朝鮮戰爭》, 岩波書店, 1999.

和田春樹,《朝鮮戰爭全史》, 岩波書店, 2002.

金東椿,《朝鮮戰爭の社會史—避難 · 占領 · 虐殺》, 平凡社, 2008.

大沼久夫編,《朝鮮戰爭と日本》, 新幹社, 2006.

제6장

和田春樹,《北朝鮮—遊擊隊國家の現在》, 岩波書店, 1999.

和田春樹,〈北朝鮮の國家體制について〉,《朝鮮有事を望むのか》, 彩流社, 2002.

鐸木昌之,《北朝鮮—社會主義と傳統の共鳴》, 東京大學出版會, 1992.

小此木政夫編,《北朝鮮ハンドブック》, 講談社, 1997.

平井久志,《なぜ北朝鮮は孤立するか》, 新潮社, 2010.